中国古代书院

陈薛俊怡 编著

中国商业出版社

图书在版编目（CIP）数据

中国古代书院／陈薛俊怡编著． -- 北京：中国商业出版社，2015.5（2022.4重印）
ISBN 978-7-5044-8574-8

Ⅰ．①中… Ⅱ．①陈… Ⅲ．①书院-教育史-中国-古代 Ⅳ．①G649.299

中国版本图书馆CIP数据核字（2015）第116936号

责任编辑：刘洪涛

中国商业出版社出版发行
（www.zgsycb.com 100053 北京广安门内报国寺1号）
总编室：010-63180647 编辑室：010-83114579
发行部：010-83120835/8286
新华书店经销
三河市吉祥印务有限公司印刷
*
710毫米×1000毫米 16开 12.5印张 200千字
2015年5月第1版 2022年4月第3次印刷
定价：25.00元
****
（如有印装质量问题可更换）

《中国传统民俗文化》编委会

主　编	傅璇琮	著名学者，国务院古籍整理出版规划小组原秘书长，清华大学古典文献研究中心主任，中华书局原总编辑
顾　问	蔡尚思	历史学家，中国思想史研究专家
	卢燕新	南开大学文学院教授
	于　娇	泰国辅仁大学教育学博士
	张骁飞	郑州师范学院文学院副教授
	鞠　岩	中国海洋大学新闻与传播学院副教授，中国传统文化研究中心副主任
	王永波	四川省社会科学院文学研究所研究员
	叶　舟	清华大学、北京大学特聘教授
	于春芳	北京第二外国语学院副教授
	杨玲玲	西班牙文化大学文化与教育学博士
编　委	陈鑫海	首都师范大学中文系博士
	李　敏	北京语言大学古汉语古代文学博士
	韩　霞	山东教育基金会理事，作家
	陈　娇	山东大学哲学系讲师
	吴军辉	河北大学历史系讲师
策划及副主编	王　俊	

序言

  中国是举世闻名的文明古国,在漫长的历史发展过程中,勤劳智慧的中国人创造了丰富多彩、绚丽多姿的文化。这些经过锤炼和沉淀的古代传统文化,凝聚着华夏各族人民的性格、精神和智慧,是中华民族相互认同的标志和纽带,在人类文化的百花园中摇曳生姿,展现着自己独特的风采,对人类文化的多样性发展做出了巨大贡献。中国传统民俗文化内容广博,风格独特,深深地吸引着世界人民的眼光。

  正因如此,我们必须按照中央的要求,加强文化建设。2006年5月,时任浙江省委书记的习近平同志就已提出:"文化通过传承为社会进步发挥基础作用,文化会促进或制约经济乃至整个社会的发展。"又说,"文化的力量最终可以转化为物质的力量,文化的软实力最终可以转化为经济的硬实力。"(《浙江文化研究工程成果文库总序》)2013年他去山东考察时,再次强调:中华民族伟大复兴,需要以中华文化发展繁荣为条件。

  正因如此,我们应该对中华民族文化进行广阔、全面的检视。我们应该唤醒我们民族的集体记忆,复兴我们民族的伟大精神,发展和繁荣中华民族的优秀文化,为我们民族在强国之路上阔步前行创设先决条件。实现民族文化的复兴,必须传承中华文化的优秀传统。现代的中国人,特别是年轻人,对传统文化十分感兴趣,蕴含感情。但当下也有人对具体典籍、历史事实不甚了解。比如,中国是书法大国,谈起书法,有些人或许只知道些书法大家如王羲之、柳公权等的名字,知道《兰亭集序》

是千古书法珍品,仅此而已。

　　再如,我们都知道中国是闻名于世的瓷器大国,中国的瓷器令西方人叹为观止,中国也因此获得了"瓷器之国"(英语 china 的另一义即为瓷器)的美誉。然而关于瓷器的由来、形制的演变、纹饰的演化、烧制等瓷器文化的内涵,就知之甚少了。中国还是武术大国,然而国人的武术知识,或许更多来源于一部部精彩的武侠影视作品,对于真正的武术文化,我们也难以窥其堂奥。我国还是崇尚玉文化的国度,我们的祖先发现了这种"温润而有光泽的美石",并赋予了这种冰冷的自然物鲜活的生命力和文化性格,如"君子当温润如玉",女子应"冰清玉洁""守身如玉";"玉有五德",即"仁""义""智""勇""洁";等等。今天,熟悉这些玉文化内涵的国人也为数不多了。

　　也许正有鉴于此,有忧于此,近年来,已有不少有志之士开始了复兴中国传统文化的努力之路,读经热开始风靡海峡两岸,不少孩童以至成人开始重拾经典,在故纸旧书中品味古人的智慧,发现古文化历久弥新的魅力。电视讲坛里一拨又一拨对古文化的讲述,也吸引着数以万计的人,重新审视古文化的价值。现在放在读者面前的这套"中国传统民俗文化"丛书,也是这一努力的又一体现。我们现在确实应注重研究成果的学术价值和应用价值,充分发挥其认识世界、传承文化、创新理论、资政育人的重要作用。

　　中国的传统文化内容博大,体系庞杂,该如何下手,如何呈现?这套丛书处理得可谓系统性强,别具匠心。编者分别按物质文化、制度文化、精神文化等方面来分门别类地进行组织编写,例如,在物质文化的层面,就有纺织与印染、中国古代酒具、中国古代农具、中国古代青铜器、中国古代钱币、中国古代木雕、中国古代建筑、中国古代砖瓦、中国古代玉器、中国古代陶器、中国古代漆器、中国古代桥梁等;在精神文化的层面,就有中国古代书法、中国古代绘画、中国古代音乐、中国古代艺术、中国古代篆刻、中国古代家训、中国古代戏曲、中国古代版画等;在制度文化的层面,就有中国古代科举、中国古代官制、中国古代教育、中国古代军队、中国古代法律等。

  此外,在历史的发展长河中,中国各行各业还涌现出一大批杰出人物,至今闪耀着夺目的光辉,以启迪后人,示范来者。对此,这套丛书也给予了应有的重视,中国古代名将、中国古代名相、中国古代名帝、中国古代文人、中国古代高僧等,就是这方面的体现。

  生活在 21 世纪的我们,或许对古人的生活颇感兴趣,他们的吃穿住用如何,如何过节,如何安排婚丧嫁娶,如何交通出行,孩子如何玩耍等,这些饶有兴趣的内容,这套"中国传统民俗文化"丛书都有所涉猎。如中国古代婚姻、中国古代丧葬、中国古代节日、中国古代民俗、中国古代礼仪、中国古代饮食、中国古代交通、中国古代家具、中国古代玩具等,这些书籍介绍的都是人们颇感兴趣、平时却无从知晓的内容。

  在经济生活的层面,这套丛书安排了中国古代农业、中国古代经济、中国古代贸易、中国古代水利、中国古代赋税等内容,足以勾勒出古代人经济生活的主要内容,让今人得以窥见自己祖先的经济生活情状。

  在物质遗存方面,这套丛书则选择了中国古镇、中国古代楼阁、中国古代寺庙、中国古代陵墓、中国古塔、中国古代战场、中国古村落、中国古代宫殿、中国古代城墙等内容。相信读罢这些书,喜欢中国古代物质遗存的读者,已经能掌握这一领域的大多数知识了。

  除了上述内容外,其实还有很多难以归类却饶有兴趣的内容,如中国古代乞丐这样的社会史内容,也许有助于我们深入了解这些古代社会底层民众的真实生活情状,走出武侠小说家加诸他们身上的虚幻的丐帮色彩,还原他们的本来面目,加深我们对历史真实性的了解。继承和发扬中华民族几千年创造的优秀文化和民族精神是我们责无旁贷的历史责任。

  不难看出,单就内容所涵盖的范围广度来说,有物质遗产,有非物质遗产,还有国粹。这套丛书无疑当得起"中国传统文化的百科全书"的美誉。这套丛书还邀约大批相关的专家、教授参与并指导了稿件的编写工作。应当指出的是，这套丛书在写作过程中，既钩稽、爬梳大量古代文化文献典籍，又参照近人与今人的研究成果，将宏观把握与微观考察相结合。在论述、阐释中，既注意重点突出，又着重于论证层次清晰，从多角度、多层面对文化现象与发展加以考察。这套丛书的出版，有助于我们走进古人的世界，了解他们的生活，去回望我们来时的路。学史使人明智，历史的回眸，有助于我们汲取古人的智慧，借历史的明灯，照亮未来的路，为我们中华民族的伟大崛起添砖加瓦。

是为序。

2014 年 2 月 8 日

前　言

　　书院是中国古代历史上的一种特殊教育组织形式。其风格独特的教学与组织管理等制度，萌芽于唐，形成于宋，废改于清末，其间经历了长过千年以上的漫长过程。

　　著名史学家侯外庐指出："在历史上，书院是研究和传播儒学的文化教育机构。但它有别于官立学校，多半具有民间色彩，因而也比较容易普及。书院虽肇端于中唐之后，然至宋方盛。宋代书院的兴盛，为理学的出现准备了必要的条件，而理学浸润又反过来促进了书院的发展。"纵观古代书院的发展，事实的确是这样的，书院是我国古代特有的一种教育机构和学术研究场所，不仅对传播中华文明、推进世界文明向前发展做出了重大的贡献，除此之外，对我国教育、藏书、建筑、学术等文化事业的进步，对民俗民风的培植以及思维习惯与伦常观念的养成等都起到了巨大的作用。

　　书院教育历时一千多年，是我国教育发展史上的一颗璀璨明珠。书院在不同的发展时期，满足了不同地区、不同层次读书人的文化需求，形成了较为完整的书院教育体系。底层书院分布范围广、数量多，主要由私立家族书院和民办乡村书院组成，起着普及文化知识和社会教化的作用；中间层即塔身是县立书院，担负着传播文化知识与儒家思想及秉承朝廷旨意影响民间价值信仰之责；高层的塔尖为州府之类的书院，发挥着指导学术理念政治化、养育学派、更新创造儒家精神和从事学术研究的任务，那些由学术大师主持或创建的书院概莫能外。

书院作为我国古代知识分子治学读书、讲学授徒的文化组织，对我国古代学术的繁荣的作用是十分重要的。在这一组织中，相对宽松且独立自由的办学环境、蜂拥而至的学术大师、师生相互答疑问难的脑力激荡场，使我国古代书院成为学术创新的思想高地。宋代的程颐、程颢、朱熹、张栻、陆九渊、吕祖谦，明代的心学大师王阳明、湛若水、王艮、钱德洪，清代的汉学大师惠栋、钱大昕、王鸣盛等人都在很长一段时间内讲学于书院，他们的重要学术研究成果很多是在书院讲学过程中完成的。中国古代学术发展的三次高潮，即宋代的程朱新儒学、明代的王湛心学、清代的乾嘉汉学和实学都与书院的发展密切相关。1901年，光绪帝一纸诏令，改书院为学堂。书院改制之后，胡适先生曾经十分感叹说："书院之废，实在是吾中国一大不幸事。一千年来学者自动的研究精神，将不复现于今日。"

时过境迁，书院如今早已退出人们的视线，但针对现代教育体制"批量化、标准化"的缺陷，人们又开始期待复兴书院，期望以书院的师徒授受方式，来加强对人的教化养成；期望用这种"野蛮"自在的方式冲撞刻板的学术藩篱，为民间思想者提供创新的空间。在这样的历史背景下，我们编写了这部《中国古代书院》，以期为人们追忆书院历史、从古代书院中吸取办学智慧打开一扇窗。全书分为书院发展史、书院管理制度、名院名人寻踪与书院文化集萃四个部分，系统叙述了我国古代书院的演变历程。

"等闲识得东风面，万紫千红总是春"，让我们一起走进书院，走进我们祖先创造的这段灿若星河的历史吧！

目录

第一章 书院发展简史

第一节 古代书院概况 ………………………………… 2
古代书院综述 ………………………………………… 2
书院的模式与功能解析 ……………………………… 5
相对自由的精神领地 ………………………………… 6
百花齐放的大学之道 ………………………………… 7

第二节 萌芽时期的唐、五代书院 …………………… 9
唐代：古代书院的萌芽 ……………………………… 10
唐代书院产生的历史原因 …………………………… 12
逐渐成长的五代十国书院 …………………………… 13

第三节 走向成熟的两宋书院 ………………………… 15
宋代书院的兴起 ……………………………………… 15
三兴官学：书院的挑战与机遇 ……………………… 18
南宋书院的繁荣与梦想 ……………………………… 19

第四节 不断扩张的元代书院 ………………………… 23
元代书院的发展 ……………………………………… 23
元代的文教方针及书院政策 ………………………… 25

元代书院的发展和官学化 …………………………… 27
元政府的书院政策 …………………………………… 29
元代书院的特点 ……………………………………… 31

第五节 明代书院的发展与劫难 34

明代的文教政策与书院 ……………………………… 34
明代书院的讲会和学风 ……………………………… 37
明代书院的劫难 ……………………………………… 38
明代书院的特征 ……………………………………… 41

第六节 清代书院的繁荣与衰落 44

清代的文教政策和书院发展 ………………………… 44
清代书院的普及 ……………………………………… 45
同光中兴：书院最后的华章 ………………………… 47
书院的废改 …………………………………………… 48
清代书院的发展特点 ………………………………… 51

第二章 书院管理制度

第一节 书院组织与管理系统 58

书院组织与管理系统 ………………………………… 58
书院组织与管理系统的特点 ………………………… 62

第二节 书院的教学制度 63

分科制度 ……………………………………………… 63
课程制度 ……………………………………………… 64
学规制度 ……………………………………………… 65
考课制度 ……………………………………………… 67

第三节　书院的藏书与刻书制度 …………………………… 69
书院藏书的起源 ……………………………………………… 69
书院藏书的发展 ……………………………………………… 70
书院藏书的来源 ……………………………………………… 72
书院藏书的特点 ……………………………………………… 74
书院藏书的地位和作用 ……………………………………… 76
书院刻书的发展 ……………………………………………… 78
书院刻书的意义与作用 ……………………………………… 79

第四节　书院的祭祀制度 …………………………………… 80
祭祀的对象 …………………………………………………… 81
祭祀的仪式 …………………………………………………… 82
书院祭祀的影响 ……………………………………………… 83

第五节　书院的经费管理制度 ……………………………… 83
书院经费的来源 ……………………………………………… 84
书院经费的使用 ……………………………………………… 85

第六节　书院章程 …………………………………………… 85
雷致亨：燕平书院章程 ……………………………………… 86
龙冈书院章程 ………………………………………………… 89
广泽书院新定条规 …………………………………………… 92
傅兰雅：格致书院会讲西学章程 …………………………… 94
高贲亨：洞学十戒 …………………………………………… 95
邵锐：白鹿洞书院禁约 ……………………………………… 96
蔚礼贤：礼贤书院更定章程 ………………………………… 97

第七节　中国书院学规 ……………………………………… 104
吕祖谦：丽泽书院学规 ……………………………………… 104

仁文书院讲规 ·· 106
刘良璧：海东书院学规 ······································ 107
唐鉴：道乡书院学规 ··· 109

第三章 名院名人寻踪

第一节 中国著名书院寻踪 ·································· 112
岳麓书院 ·· 112
白鹿洞书院 ·· 115
嵩阳书院 ·· 120
莲池书院 ·· 121
睢阳书院 ·· 123
东林书院 ·· 124
石鼓书院 ·· 126
武夷精舍 ·· 127
九峰书院 ·· 128
象山书院 ·· 130
龙江书院 ·· 130
丽泽书院 ·· 132
鹅湖书院 ·· 133
广雅书院 ·· 137

第二节 中国书院名人 ··· 139
张说与集贤书院 ··· 139
胡瑗与泰山书院 ··· 142
二程与嵩阳书院 ··· 144

朱熹与白鹿洞书院 …………………………… 145

鹅湖之会 …………………………………… 148

草庐先生吴澄 ……………………………… 150

王守仁与龙岗书院 …………………………… 152

东林先生顾宪成 ……………………………… 154

黄宗羲与证人书院 …………………………… 157

颜元与漳南书院 ……………………………… 159

第四章 书院文化集粹

第一节 书院及其文化功能 …………………… 164

书院的文化传播功能 ………………………… 164

书院的文化创新功能 ………………………… 166

第二节 书院文化透视 ………………………… 168

制度规范化的私学 …………………………… 168

书院文化与中华文明 ………………………… 170

第三节 书院楹联精华 ………………………… 172

汇芳书院楹联 ………………………………… 172

海阳书院楹联 ………………………………… 173

漳南书院楹联 ………………………………… 173

崇实书院楹联 ………………………………… 173

长白书院楹联 ………………………………… 173

震川书院楹联 ………………………………… 174

钟山书院楹联 ………………………………… 174

东坡书院楹联 ………………………………… 174

东林书院楹联 …………………………………………… 175
正谊书院楹联 …………………………………………… 176
五峰书院楹联 …………………………………………… 176
巢湖书院楹联 …………………………………………… 176
南溪书院楹联 …………………………………………… 177
白鹿洞书院楹联 ………………………………………… 177
鹅湖书院楹联 …………………………………………… 178
象山书院楹联 …………………………………………… 178
嵩阳书院楹联 …………………………………………… 178
紫阳书院楹联 …………………………………………… 179
广雅书院楹联 …………………………………………… 179

参考书目 ……………………………………………………… 181

第一章

书院发展简史

书院是中国古代特有的一种教育组织形式。书院这一名称始于唐中叶官方设立的丽正书院和集贤殿书院,主要收集整理、校勘修订图书,供朝廷咨询,兼作皇帝侍读、侍讲,与宫廷图书馆的性质十分相似。唐末五代,读书士子多隐居避乱读书山林,后发展为聚书授徒讲学,常以书院命名读书讲学之地,逐渐演化为一种教育组织形式。至宋初,形成一批颇有影响的著名书院,如:白鹿洞、岳麓、嵩阳、应天府、石鼓等书院。南宋时期更吸收、借鉴佛教禅林讲学制度,使书院得到进一步发展和完善,经元、明而不衰。到清朝末年,随着整个封建教育制度的衰败,近代新式学堂的诞生,古代书院才慢慢演变为学堂。书院在中国大地上存在了一千余年,成为中国文化史和教育史上的一大奇观。

第一节
古代书院概况

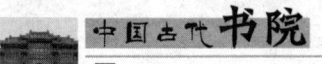

书院是中国士人围绕着书，开展包括藏书、读书、教书、讲书、校书、著书、刻书等各种活动，进行文化积累、创造与传播的文化教育组织。它一开始于唐代初期在民间产生，唐中叶得到官方承认，经唐玄宗一代君臣"广开书院"式的倡导，后来逐渐流行。由唐而历宋、元、明、清，经千余年的发展，书院得以遍布除今西藏之外的全国所有省区的城镇与乡村，数量高达7000余所。它为中国教育、学术、文化、出版、藏书等事业的发展，对民俗风情的培植、国民思维习惯、伦常观念养成等方面的贡献都是极其巨大的。明代开始，书院又走出国门，传到朝鲜、日本、东南亚各国，甚至意大利那不勒斯、美国旧金山等欧美地区，为中华文明的传播和当地文化的发展做出了贡献。近代以来，因为"新学""西学"的加盟，它又成为沟通中西文化的桥梁。而1901年光绪皇帝的一纸诏令，将全国书院改为大、中、小三级学堂，更使它由古代迈向近代、现代，得以贯通中国教育的血脉。

古代书院综述

书院大多是以私人创办或主持为主的，当然也有家族、民间出资筹办的，多数得到朝廷和地方官府的鼓励和资助，或赐名、赐匾额、赐书，或赐银、拨田产，成为私办官助、民办公助的办学兴教的形式。

很多书院是由名师大儒聚徒讲学发展而成的。主办者或主持人以书院为根据地，研究或传布自己学术研究的心得和成果。书院也以著名学者的学术成果为主要教育内容。书院生徒多是慕名师而来，并将从师学习与个人学术志趣紧密结合，边学习、边研究。如此一来，就形成学术研究与读书讲学融为一体、相互结合、相互促进的独特教学方式和教育组织形式。

书院的师生大多以醉心学术、潜心修炼心性为主要目标，因此多数书院反对科举，反对追逐名利，师生多数厌恶科举、淡泊仕途，隐

清代秀容书院

居山林胜地，超然于世外，冷言论朝政，以清高脱俗来标榜自己。这样的情况之下，就经常与当权执政者的现行政策和直接利益发生矛盾。如南宋的朱熹书院讲授程朱理学，曾被列为"伪学""禁党"；明中叶王阳明在书院传授陆王心学，也被视为"异端邪说"；明末顾宪成、高攀龙在东林书院讲学，"讽议朝政，裁量人物"，史被定为"东林党案"，东林书院惨遭禁毁，曾一度波及全国的所有书院。正因为如此，元代和清代，都曾对书院加强控制，使书院官学化，纳入科举考试的轨道，使之与官学一样，变成科举考试的附庸。

书院与各级官学既有互补的关系，又有抗衡关系。一般来说，官学不兴，书院勃兴，弥补了官学数量不足。特别是朝廷无暇顾及兴学设教，无力兴办官学，往往鼓励、支持书院发展，书院成为满足士子读书要求，保持社会安定的一种重要方式。一旦朝廷有可能集中精力发展官学，书院便被冷落。在千余年书院发展历程中，多次出现官学盛书院衰、书院兴官学败的交替互补的状态。由于官学更多地受到科举考试制度的支配和控制，务虚文、逐名利，造成官学弊端丛生，教学全无"德行道艺之实"，书院往往起而纠官学之偏、革官学之弊。

从大体趋势来看，官学的课程和教学比较冗繁、呆板，过于程式化；而书院的课程和教学比较简约、灵活，师生有较多的主动性和自由度。毛泽东早年创办湖南自修大学时，曾借鉴古代书院的办学传统，肯定书院课程简约、教学灵活，师生共同研讨，悠然自得，师生感情融洽，远胜于官学。

书院基本属于私学性质，但它不同于一般的私塾、社学、义学。可以说，书院是一种高级形态的私学。书院的教学是以学术研究为主的，多数书院往

往都是某一学派的活动中心或研究基地。书院既是学校，又是研究机构，同时还是一个学术团体；而一般私塾、社学、义学等多数是启蒙教育的性质，主要是识字、日用常识、基本伦理、行为规范的灌输和训练，为应试备考做初步准备。在古代私学系统中，一般私塾、社学、义学属初等教育或基础教育范畴，而书院基本上属于高等教育范畴。但是，应当看到的是，有的时期书院设置十分普及，有些书院也承担部分初等教育的职能，特别是一些家族式书院。即使如此，书院也与私塾、社学、义学有着十分显著的区别。

讲学和学术研究是书院主要的活动内容。讲学与学术研究紧密结合成为书院教育的突出特点，结合的方式是多种多样的。通常由书院主持者主讲，每讲立一主题，称为明立宗旨，讲授其研究心得和研究成果。生徒边听讲，边质疑问难，形成讨论式教学。有时书院延聘不同学派的名师来书院讲学，书院师生共同听讲，开展论辩，探究不同学派之间的相同相异之处。如：朱熹曾邀陆九渊至白鹿洞书院讲"君子喻于义，小人喻于利"。再后来，这种讲学方式，发展成一种"会讲"制度，实际上把书院讲学变成了不同学派之间开展学术争鸣论辩的研讨会。如：朱熹与张栻在岳麓书院曾有"朱张会讲"。这种讲学方式，逐步发展成"讲会"制度，各书院轮流主办，邀集其他书院师生共同讲论，当地官员、士绅、民众均可凭自己的意愿前来听讲，从而扩展为以书院为中心的地区性学术讲习活动，并且订立了完整的"讲会规约"。有的范围波及数郡县，听讲者达一两千人。如：明代紫阳书院讲会，订有"紫阳会约"；东林书院讲会，订有"东林会约"等。这种方式，在南宋和明中叶十分普遍，几乎成为书院讲学的主要方式，对文化教育、学术思想、世俗民风产生过十分深远的影响。

书院的另一项重要活动内容是开展祭祀活动。书院的祭祀同宗教祭祀或祖先祭祀有着重要区别。书院的祭祀活动着眼于教育功能，多数除祭祀孔孟等先圣先师之外，着重祭祀本学派的创始人和代表人物，同时祭祀对本书院创办和发展做出贡献的人士。宣扬他们的事迹，牢记他们的学术旨趣，怀念他们的功德，为师生树立仰慕和仿效的典范，成为进行学派学术渊源和书院奋斗历程教育的一种形式，形象具体生动，收到了极其良好的效果。

搜集、收藏图书也是书院的一项重要活动内容。书院，顾名思义，以藏书丰富著称于世，每个书院都成为当地藏书最丰富齐备的场所，许多书院专建藏书楼、藏书阁或书库，成为书院建筑的一个必不可少的组成部分。书院的藏书活动既为书院教学和研究准备了充足的资料，又为当地士民、乡绅查阅、咨询提供了极大便利。不少书院还自行刊刻图书，书院主持者或主讲人的讲义和研究成果、书院生徒的听讲笔记、读书日记，经过整理，刊刻成书，既保留了教学科研的成果，对社会的影响也进一步扩大。现今图书馆收藏的善本书、珍本书中，就有不少是"书院本"。这种将图书馆、学校教育、研究机构集于一体的独特组织形式，对后世颇有启迪之效。

如今，书院已经退出了历史舞台，然而书院的优良传统仍有极强的生命力。近代致力于教育改革、文化更新的不少人士经常热心研究中国古代书院，从中吸取营养，寻找借鉴。近年更有创办新式书院方面的尝试。人们也许可以看到，书院这种古老的文化教育特有的组织形式，在新时代会焕发出新的生机。

书院的模式与功能解析

书院是中国封建社会独具特色的文化教育模式。作为中国教育史上与官学平行交叉发展的一种教育制度，在中国大地上存在的时间长达一千多年，成为中国文化史和教育史上的一大奇观。

中国封建社会以儒家文化为核心，两千多年前孔子首创儒学，后经汉代"独尊儒术"后，儒家思想由此成为官方哲学和统治方略。书院则多是弘扬儒家学说，继承发扬儒学传统。

书院虽在宋朝（960—1279年）蓬勃发展，繁荣时期达到了能够补充或代替官学的地步，但书院的发展真正进入一个新时期的重要标志，是书院与理学的结合。尤其重要的是，在明确提出书院独特的教育宗旨，自觉地把书院与官学区别开来，反对书院成为科举的附庸以后，社会逐渐使书院成为培养能传道济民的有用人才的场所。元朝（1271—1368年）是书院建设的繁荣时期，共有书院227所，历来就有"书院之设，莫盛于元"的说法。其原因有：一是由于元朝政府对书院采取鼓励政策；二是书院作为一种私学组织，主要依赖于民间力量。元朝统一中国后，有相当一部分儒家学者不愿到朝廷任官职而退居山林，建立书院，自由讲学，使私办书院的数量进一步增加。为了达到控制书院的目的，元朝政府采取委派山长或给山长授予官衔的方式，以掌握书院的领导权，书院的教授、学正、直学等职务的任命、提升也都必

南溪书院讲堂内景

须经过政府批准。政府不仅控制书院教师,也控制书院的学生。凡在书院毕业的学生,需经地方官吏举荐,经监察机关考核才能走向社会。在这些政策措施的推动下,不仅使得大量官办书院成为官学体制中的一个组成部分,也使得大量私办书院逐渐朝着官学化方向转化。

明朝(1368—1644年)虽然也重视文化教育,但却将重点放在了发展完善各级官学上。

到了公元1644年满族入关后,清朝统治者虽然采取崇儒重教的政策,但是对书院则持严厉的抑制态度,这对书院的发展起到了阻碍的作用。直到康熙、雍正年间(1662—1735年),书院又逐步恢复起来,其中不仅包括民间私人创建的,还包括许多地方官的崇教之举。康熙皇帝提倡程朱理学,并赐颁御书"学达性天"匾额给白鹿洞书院、岳麓书院,赐额"学道还淳"匾额给苏州紫阳书院。康熙皇帝的这些行动在客观上起到了支持书院的作用。雍正皇帝则改限制的消极防范的政策为积极主动的态度,发上谕肯定书院的社会作用,并在经济上提供一定程度上的支持,对书院的发展起了一定的推动作用。乾隆皇帝不仅从经济上资助书院建设,而且重视师长的任命、奖励、提升和书院学生的录取考核。雍正皇帝、乾隆皇帝的政策使清朝书院建设规模发展到历史上的高峰,书院教育也得到全面普及。

相对自由的精神领地

北宋(960—1127年)是一个政治十分开明的朝代,开国的五个帝王都曾立下誓言:"不杀读书人。"读书人有了言论自由。一些著名的历史人物都活跃在那个时代,范仲淹、欧阳修、苏东坡、司马光、王安石,他们可以为朝政、为文化吵得不可开交,但没有性命之忧,而且思想活跃。另一些著名的文化人物则开始自办学舍或到别的书院讲学。这些学舍和书院因为这些著名人物而在历史上享有盛名。

范仲淹曾在四大书院之一的睢阳书院讲学。他还在睦州（今建德）创建龙山书院，在苏州奏请设立州学。当时他在苏州南园购地，想要建私宅，有阴阳家预言，这块地方若建私宅，将世世代代公卿辈出，永远有享不尽的荣华富贵。范仲淹说：我家的富贵事小，天下的富贵事大，若天下之士都在这块地面上受到良好的教育，那种富贵将永无绝期，于是将地献出，建立州学。范仲淹的这种情怀，与他的"先天下之忧而忧，后天下之乐而乐"的信条是一致的。

唐宋时期（581—1279年）有八位著名的文学家，他们是韩愈、柳宗元、苏洵、苏轼、苏辙、王安石、欧阳修、曾巩。曾巩曾在抚州建兴鲁书院，授徒讲学。著名学者邵雍隐居河南辉具苏门山，在风光秀丽的百泉湖旁结庐而居，种桃植竹，创"内圣外王"之学，将居住的地方命名为"安乐窝"，将种植桃竹的地方命名为"桃竹园"，开中原讲授之先河。另一位著名学者周敦颐讲学景濂书院（后改名濂山书院），后来成为理学大家的程颢、程颐就在这个书院接受教育。周敦颐曾到苏门山讲学，与邵雍一起切磋学问。晚年，周敦颐在庐山北麓定居，建濂溪书堂于江州（今九江市）。当时已经学业有成的理学大家程颢、程颐开始在嵩阳书院讲学。嵩阳书院后被列入四大书院。程颐亲手创办伊泉书院（后改名伊川书院），他在苏门山讲学的时候，问道求学者难以计数，由于众多的从游者在山下定居，后来逐渐形成村落，因名程村。这些著名学者学说体系的创立，开了中国理学之先河，是整个宋代乃至整个书院时代的文化先驱。他们的学说代表了汉唐以来最高的思想水平，创造了文化的多维空间。

百花齐放的大学之道

书院的教育程度与现在的大学教育相类似，南宋时期（1127—1279年）著名的学者陆九韶在其所著《家居正本》上篇说："古者民生八岁入小学，学礼乐射御书数，至十五岁则各因其材而归之四氏，故为家工商贾者亦得入小学而后就基业，其秀异者入大学而为士。"在古代，一人8岁开始上"小学"，15岁开始上"大学"，这时的选择有两种：一是进入国家创办的官学中的太学、国子监或者地方官学，但官学的招生极其有限，而且有极严格的身份限制，所以能进入太学或国子监读书的人并不是很多；另一是进入书院学习。按照一般情况，在书院学习十来年，也就是说到20多岁，最迟30岁，就能完成学业。不过书院一般并没有年龄的上限，六七十岁了还在书院学习的例子举不胜举。

书院招收的生徒数量也并不太多，一般情况也就是几十到上百人。著名的湖南岳麓书院在南宋时期也就只有20个学生。明清以后，书院的招生数有所扩大，如杭州的崇文书院生徒就有300～400人之多。从总体而言，书院的学生数量是偏少的，这一方面是由于书院受经费的制约，另一方面也是因为传统的儒家教育倾向于精英教育，书院也是采取精英教育的模式。

现代大学教育体制来源于西方，更为明确地说主要是西欧。西方的大学原来是中世纪的学者行会，书院与西方中世纪的大学相比在很多方面都有显著的区别。在诞生的时间上，西欧中世纪近代大学大致在公元11世纪出现，而成熟形态的书院比西欧大学至少早300年。西欧中世纪大学校址一般是在商业发达的城市，而中国的书院多半是在远离城市或僻静的名山胜水中。

中国的书院与西方大学也有许多相通之处，最明显的是教学方法。西欧中世纪大学通行的是学术演讲，教师诵读教科书原文及其注释，作阐发评论，并举例释疑。同时还进行学生辩论，一般情况下，由两名或两组学生互相辩论。

中国书院也很重视学术演讲，通常是书院山长或者掌教"升堂讲说"，阐发儒家经典，或者是几个学派的学者聚集在一起进行论辩，进行会讲。比如历史上著名的"鹅湖之会"，淳熙二年（1175年）在信州（今江西上饶）举行的一次学术辩论会。这种争鸣式的论辩，后来还形成了制度化的讲学大会。多数书院都有讲学大会，有的规模很大，参加者有几百人之多，各种不同的学术观点都可以自由阐发，很有"百家争鸣"的意味。

除学术演讲外，书院教学的另一个重要特点就是注重学生自修研究和质疑问难。书院藏书丰富，这为学生自由读书和独立钻研提供了极大便利。理学大师朱熹认为，除集

国子监

体讲演外，书院老师的职责就是指导学生自修读书，强调读书须有疑，有疑而又深思未得者即当请教大师，这就叫"质疑问难"。书院以学术探究和理智训练为根本，不管是大师讲演，还是学生自修，都鲜明地体现了注重学术探讨的研究精神。

书院作为求知问学的精神家园，努力将学术研究与教育活动结合起来，他们一方面通过学术研究深化理论探讨，促进教学活动；另一方面又通过教学和学术研究培养人才，扩大学派影响。经过长期的交互递进，对中国封建社会思想和学术发展的作用是十分重大的。历史上最有名的学规《白鹿洞书院教条》，确定五教之目为："父子有亲，君臣有义，夫妇有别，长幼有序，朋友有信。"为学之序为："博学之、审问之、慎思之、明辨之、笃行之。"修身之要为："言忠信，行笃敬，惩忿窒欲、迁善改过。"处事之要为："正其谊不谋其利，明其道不计其功。"接物之要为："己所不欲，勿施于人；行有不得，反求诸己。"不仅体现了朱熹以"格物、致知、诚意、正心、修身、齐家、治国、平天下"的儒家经典为基础的教育思想，而且也成为中国封建社会书院办学的基本信条，同时还是最早的教育规章制度。

第二节
萌芽时期的唐、五代书院

繁荣与开放铸就了中国古代史上的盛世唐朝，这是众所周知的。在开放的胸襟下，唐朝在传承与发展中华文化方面的贡献是无与伦比的，这不仅仅是因其永世留芳的诗、书、画，还因为它创造了书院——这样一种经千余年发展而兼藏书、校书、修书、著书、刻书、读书、教书等多种功能于一体的文化机构组织。

唐代：古代书院的萌芽

根据书院文化功能的特征，早在唐五代时期，以"书院"为名的文化教育机构就已经诞生。而"书院"的名称更是出现在唐玄宗开元年间（713—741年），距今已有1200多年了。

中国古代历来重视书籍的整理和校勘，历朝的中央政府都有一个收藏、校勘图书的地方，如汉代的东观、兰台、石室、仁寿阁，隋代的嘉则殿，清代的文渊阁等。而在唐代，这种校书、藏书的地方就称为"书院"。据南宋学者王应麟所著《玉海》解释说："院者，取名于周垣也。"由此可以看出，从字义上讲，院是指具有围墙的房屋的通称。唐代宫室以院称名者比较多，如著作院、学士院、翰林院、太常院、礼院等。唐代皇室创设"书院"，主要是指用围墙围起来的藏书、校书的场所。

唐玄宗时期的藏书、校书之所，被称之为"丽正修书院"和"集贤殿书院"。唐开元六年（718年），"书院"的名称最早开始出现。据《新唐书·百官志》"集贤殿书院"注，开元"六年，乾元院更号丽正修书院，置使及检校官，改修书官为丽正殿直学士"，"十一年，置丽正院修书学士；光顺门外，亦置书院。十二年，东都明福门外亦置丽正书院"。这里所说的"丽正修书院"或"丽正书院"，是最早以"书院"命名的机构。唐开元十三年（725年），"丽正修书院"改名"集贤殿书院"，其主要职能除了收藏、校刊经籍外，还负责荐举贤才、提供质询等相关事宜。《唐六典》记载，集贤殿书院的学士，须"掌刊辑古今之经籍，以辨明邦国之大典，而备顾问应对，凡天下图书之遗逸、贤才之隐滞，则承旨而征求焉"。

古紫阳书院牌坊局部

由此不难看出，唐代官方创立的丽正修书院、集贤殿书院，是中国古代最早以"书院"命名的文化机构。后来经常所说的"书院"之名，就是起源于此。但是，这两所书院不能等同于以后作为一种文化教育机构的书院，所以清学者袁枚说："书院之名，起唐玄宗时，丽正书院、集贤书院皆建于朝省，为修书之地，非士子肄业之所也。"（《随园随笔》卷九）丽正修书院、集贤殿书院虽不是作为文化教育机构的书院之始，但是从文化功能来看，它也担负着学术研究、文化积累的重任。

自唐玄宗时期建立丽正修书院和集贤殿书院之后，民间的一些读书人借用这个名称自办书院，作为自己个人读书治学、传授生徒的场所。

唐代出现的这些私人创办的书院，大多数情况下，它们是一些退避、隐居的儒家士大夫个人读书治学的场所。这些学者建造房屋、收藏书籍，并在此读书治学。他们把自己的读书之所称为"书院"。在《全唐诗》的诗题中能找到十多所这种书院，如李群玉《书院小二松》："一双幽色出凡尘，数粒秋烟二尺鳞。从此静窗闻细韵，琴声常伴读书人。"书院命名往往就是创建者本人的姓名，如李泌书院、第四郎书院（薛载少府书院）、赵氏昆季书院、仕中丞书院、费君书院、李宽中秀才书院、南溪书院、田将军书院、沈彬进士书院等。虽然它们与正式的教育机构不同，但是某方面的一些文化功能与后来的书院有着必然的联系。如士大夫将其作为独善其身的安身之处，总是把它们建置于风景优美的名胜之地。这些书院还有收藏图书典籍、研究学术、

武夷精舍遗址

交流文化等活动，和后来的正式书院都有着很多的相通之处。

概括来看，唐代书院包括上述两种：朝廷的藏书校书机构和民间的私人读书讲学之所。它们的出现可以说是书院的萌芽。它们在名称以及其他许多具体的文化功能，如藏书、祭祀、读书治学等方面，和宋代书院是相似的。尤其是一些书院已经有明确记载的讲学活动，更是代表着书院教育的出现。另外，唐五代时期的私办书院或私人隐居之所，又和宋代许多著名书院有着直接的历史联系，它们往往演变为宋代书院，如石鼓书院的前身为李宽中秀才书院，白鹿洞书院的前身为唐代李渤在庐山的读书之处等。

即使如此，在崇儒重教的中国古代，这些数量本就有限的书院在当时是根本不受重视的。因此，即使那些创办书院的士大夫们也没有想过书院的存在究竟有多大的意义和价值，更没有想过它的生命力究竟有多么长久。

到唐朝中后期时，书院已如星星之火，撒播在华中、华东、华南、西南的多个省区。据统计，当时的陕西、山西、河北、山东、浙江、福建、江西、湖南、广东、贵州、四川等省共有书院近50所。只是这些书院中，大多数只是士人读书治学之处，同时接纳朋友访客，谈诗论道。正是由于其广纳朋友，弘扬文化，在这种背景之下，书院不再是私人书斋，而成为具有广泛社会性的崭新文化机构。

唐代是中国古代文化的高峰，书院是构筑这一高峰的众多元素之一。尽管如此，在书院的发展史上，有唐一代的书院也只能算是萌芽而已。

唐代书院产生的历史原因

书院制度之所以萌芽、形成于中国封建社会的唐、宋时期，并不是偶然的。从教育史的角度看，如果说，从唐代末期到五代时期，由社会动荡而引起的官学的衰微乃至废弃殆尽，以及宋初统治者为加强中央集权而无暇顾及官学教育，均使士子求学成为一种社会问题，是促使书院产生并一度兴起的主要原因的话，那么，促使书院产生并能得到发展的一个更为深层的原因就是：自隋、唐以后，伴随着科举制度的创立与发展，官学逐渐沦为科举的附庸，一些真心求学的士子势必要在官学以外去寻找就学的场所，具有学校性质的书院正好满足了这一实际客观需要。

书院的发展及其一整套制度的形成，又是同理学的兴起与发展联系在一起的。宋朝时，中国传统的儒学在以自身为主并吸取佛学与道教思想的基础上，发展到理学的阶段。但理学对于维护和加强封建统治的作用，并不为封建统治者所认同，于是理学家们便只好以书院作为从事研究与传播理学的重要基地，因而促进了书院的发展及其制度的臻于成熟。

可见，具有独特教育制度的书院，是从唐代私人读书治学或讲学、授徒的书院发展而来，后来建立的著名书院一般又以藏书为主要功能之一。这显然意味着书院的产生与发展，必须以书籍的大量流通作为前提条件，而雕版印刷术在唐代的产生，就很好地适应了这样的条件。

由此可见，书院制度只能是中华文明史发展到唐、宋时期的产物。

逐渐成长的五代十国书院

公元907年，朱温废唐哀帝，建立后梁，自此之后，中国历史进入了战乱不休、朝代频换的五代十国时期。这一时期野心家、阴谋家纷纷登上历史舞台，他们僭越礼制，分裂割据，连年征战。战乱环境不仅对人民的生产和生活造成了严重的破坏，如对文化传承与教育产生了重大影响，也挑战着文人的操守与信念。

在唐末至宋初的半个世纪里，地方的官学被废止，教育颓废，文化濒危。离乱中的文人士子只好结庐山中，开馆授徒，拯救斯文于不堕。从某种意义上来说，正是由于官学不兴，给了私学性质的书院提供了生存空间和生存价值。

唐末五代，为了躲避残酷的战争，文化人大量迁徙到远离世俗纷扰的僻静山野之中。这样就出现了两种情况：一是原已在山野间的佛道二教，趁此机会广招信徒，升坛讲学；二是不信佛道的士人则自发组织起来，研习经文，建舍讲学。不少后来很有名的书院都源于此。如岳麓书院即可追溯到五代时期，当时岳麓山寺庵林立，到山中留宿的文人日益增多，山中的和尚即为这些文人另建书院，让他们有屋住、有书读，还可以交流讲学。书院成为乱世中的一方净土。

据统计，五代十国时期的书院共有13所，分别是北京的窦氏书院，河南的太乙书院和龙门书院，江西的留张书院、匡山书院、梧桐书院、华林书院、兴贤书院、云阳书院、光禄书院和东佳书院，福建的蓝田书院，广东的天衢书院。

匡山书院可看作是书院发展史上的一座里程碑——因为它是得到皇帝表

彰的第一个书院，这标志着官方对民间书院的正式承认。

在中国古代书院的成长历程中，五代时期是一个十分特殊的时期，它有三点值得我们特别关注：

第一，与唐代书院主要是个人读书治学之所不同，五代时期的书院大多招徒讲学，已具有一定的学校性质，在拯救文化、传播文化、净化民风方面起到了重要作用。

第二，匡山书院得到皇帝表彰，标志着具有学校性质的书院获得了官方的认可，对后世书院的发展产生了积极影响。

第三，由于五代书院大多为避战乱兴建于山野之间，为维持书院生存，书院师生必须开垦荒地以求自给，这是一种新型读书方式——"书院耕读时代"，后世书院的田产则主要是官府赐予和私人捐赠。

除此之外，五代书院创办者的独立文化品格及开拓精神，让战乱的人们看到了希望，正如钱穆先生所言："它是黑暗中的一线光明，潜德幽光，必大兴于后世。"

但是，五代时期毕竟是书院的幼年时期，书院数太少，全国仅仅只有13所，影响范围十分有限。书院真正走向成熟是在两宋时期。

知识链接

"中国古代四大书院"说法的各种版本

中国古代四大书院，一般也称北宋四大书院、宋代四大书院。关于书院历来有许多说法，争议不断。除了四大书院的说法，还有六大、八大之说。但无论哪种说法，湖南岳麓书院都毫无争议的名列其中，是受公认的著名书院。

历史上比较有名的书院还有：湖南长沙的岳麓书院；江西庐山的白鹿洞书院，河南商丘的应天府书院（睢阳书院），河南嵩山南麓的嵩阳书院，湖南衡阳的石鼓书院，江苏无锡的东林书院。

第三节
走向成熟的两宋书院

两宋时期是书院发展史上的黄金时期。经过官方与民间力量的共同推动、学术大师的执着追求，书院走到了成熟阶段。这一时期，书院数量剧增，规制完备，形成了崇圣崇道、兼容并蓄、独立自由的书院精神。书院与官学并立，成为重要的文化与教育组织。

宋代书院的兴起

两宋不仅仅是中国古文化发展的高峰期，也是书院蓬勃发展的黄金时期。

书院能在宋代得到蓬勃发展，和当时的社会环境、文化环境的客观需要是密切相关的。在北宋时期，由于社会环境对文化教育的需要，各地竞相建置书院，使书院初兴。到了南宋，中国文化的蓬勃发展促进了书院的振兴，特别是书院和理学思潮结合起来，书院制度及其特色得以完全确立，这种新兴的教育制度对中国文化、学术、教育的影响是十分重大的。

北宋书院的最显著标志，就是出现了一批私人创办的著名书院。由于书院教育受到了官方的支持和资助，因而起到了代替和补充官学的作用。

唐末五代长期战乱，社会动荡不安。赵宋统一国家以后，人民生活安定，社会的生活生产得到很大程度的恢复与发展。这时，士子们开始产生了读书显身的要求。但是，由于宋初统治者只重视科举取士，而不重视兴办学校，加之当时政治、经济各方面条件的种种局限，宋初的地方官学没有任何发展。所以，唐五代时期刚刚萌芽的书院，在宋初即开始受到人们的重视，得到了发展，书院兴起成了社会的一种迫切需要。许多学者、教育家和重视文教的地方官开始创办书院讲学，要求读书进学的士子纷纷步入书院接受教育。官学不兴的局面，使书院出乎意料地得到了发展。著名理学家朱熹在论述北宋书院兴盛的原因时曾讲道：

予惟前代庠序之教不修，士病无所于学，往往相与择胜地，立精舍，以为群居讲习之所。而为政者乃或就而褒表之，若此山（指石鼓书院），若岳麓，若白鹿洞之类是也。（《衡州石鼓书院记》，《朱文公文集》卷七十九）

私人创办书院讲学的活动兴起以后，很快得到政府的支持鼓励。宋初皇帝通过赐额、赐书、赐学田等方式，倡导、支持书院办学，使书院进一步发展起来。

北宋创建的书院达数十所之多，遍布全国各地。其中一些在当时就比较著名，形成了历史上所谓的"四大书院"：白鹿洞书院、岳麓书院、嵩阳书院、睢阳书院。

在宋初官学不兴的情况下，书院在发展教育、培养人才方面的作用是巨大的，起到了补充、代替官学的作用。但是，北宋多数书院在制度、规程、机构方面仍比较简单，尤在教学宗旨、教学内容、教学方法方面也没有形成自己的特色，因此它还不能作为一种独立的教育机构与官学并行发展或相抗衡。到了庆历（1041—1048年）、崇宁（1102—1106年）时，统治者开始鼓励提倡官学的发展，书院办学开始受到冷落，有的书院直接被改造成地方官学，如应天府书院、石鼓书院。

到了南宋时期，书院的发展才进入一个新的阶段。其最重要的标志就是书院与理学的结合，这极大地促进了书院自身的完善，奠定了书院作为一种独特教育机构

武夷精舍碑刻

理学奠基于北宋，当时出现了不少著名的理学家，如周敦颐、程颢、程颐、张载、邵雍等人，他们利用书院致力于学术研究和文化传播，可遗憾的是，这种影响的范围十分有限。南宋时期，理学家十分重视交流切磋和注意广泛传播学术思想，并广泛采纳了书院这种教育机构。从宋高宗南渡以后，理学家们纷纷创办书院讲学，使理学和书院同时勃兴，从而推动了书院的发展。

南宋初，将理学南传的理学家杨时、胡安国、胡宏等人重视书院教学。杨时曾于常州的毗陵书院和无锡的毗陵书院讲学，传播理学。绍兴初年，胡安国、胡宏父子隐居湖南衡山，创建碧泉书院、文定书堂，以授徒讲学，开创理学学派。宋乾道（1165—1173年）、淳熙（1174—1189年）以后，理学大盛，各派学术大师纷纷创立书院讲学。乾道初年，张栻在长沙创建了城南书院，主讲岳麓书院；乾道、淳熙年间，朱熹不仅修复了白鹿洞书院，还先后创立了云谷、寒泉、武夷、竹林诸精舍或书院；乾道中，吕祖谦创办、主持了金华丽泽书院，陆九渊于淳熙年间又先后创建、主持金溪槐堂书屋和贵溪象山精舍。除此之外，影响较大的还有陈亮讲学的永康五峰书院、辛弃疾创办的铅山稼轩书院、陈傅良讲学瑞安的城南书社等。书院的教育活动推动了理学思潮的发展，理学学术的繁荣又促进了书院建设的发展。

在这段时期内，书院作为一种制度化的私学终于趋于成熟。自由讲学、学术研究、问难论辩等书院教学特色得以淋漓尽致的体现出来；制订学规、确定课程、建立管理机构等书院制度也完全形成。重要的是，理学家们明确提出书院的独特教育宗旨，自觉地把书院教育与官学区别开来，反对书院成为科举的附庸，告诫诸生不得以钓声名、取利禄为读书目的。他们都要求书院应确立独特的教育宗旨，要求学生讲明道德义理、研究学术，使书院成为培养有用人才的场所。

庆元年间（1195—1200年），理学家因卷入统治集团内部的权力斗争而受到打击，理学在一夜之间成为"伪学"而受到禁抑，这就是历史上十分著名的"庆元党禁"，书院发展也因此受到阻碍。嘉定（1208—1224

鹅湖书院

年）以后，党禁既开，理学在维护封建统治秩序方面的积极作用很快受到统治者的重视，理学家不断得到统治者的褒扬。宋理宗时期，理学已经得到官方推崇。这时，与理学合为一体的书院也以前所未有的速度向前发展，不仅原有书院继续扩展办学，各地又纷纷创建一批批新书院。据统计，理宗时期新建置的书院达 100 多所，占南宋时期全部书院的 2/3 以上。宋理宗本人还通过颁书赐额、委任山长以及学官的方式褒奖、支持书院。北宋时期能得到朝廷赐书赐额的书院只有少数几所，而理宗时期却达 20 所之多，这是朝廷对书院教育重视程度的体现。

三兴官学：书院的挑战与机遇

经过宋初的休养生息，北宋经济得到很大程度的恢复与发展，整个社会呈现出繁荣景象，困扰宋初官学发展的不利因素基本解决，所以，从仁宗庆历年间到徽宗崇宁年间，开展了三次大规模的兴学运动。

第一次兴学运动开始于宋仁宗庆历四年（1044 年）。宋初书院替代官学养士，但书院毕竟有限，难以满足需要，而政府既倡科举又无力兴学，造成了科举"不务耕而求获"的弊端。因此，由范仲淹主持的庆历新政旨在砥砺士风、改革科举、兴办学校、认明经旨、培养人才，其重要内容是"精贡举"。庆历四年春，仁宗根据范仲淹等人的建议诏令兴学，主要有三方面的内容：整顿国子监；各州县设立学校；士须在学 300 日方可参加科举考试。这一次兴学既是要完善官方的学校教育体系，更是要确立学校教育的权威。

第二次兴学运动是在宋神宗熙宁年间，由王安石倡导，属于王安石变法的一部分。这一次兴学的核心是实施"三合法"以变革科举，即将太学分为外舍、内舍和上舍三等，以年终考试成绩及平时的学业品行作为升、应试和授官的依据。三舍法的实施意在以三舍制取代科举制，使学校教育的权威性得以进一步加强。但三舍法并不如科举那样客观、公正。苏轼言"三舍既兴，贿赂公行"，就指陈了其弊端所在。

第三次兴学运动是在宋徽宗崇宁年间，其发起人是蔡京。这一次兴学有两点影响较大：其一是将"三舍法"推广到全国，将来科场取士，悉由学校升贡，学习好的可以依次由外舍升内舍、再升上舍，上舍毕业后即可直接做官，当然这一政策主要是针对百姓子弟，官僚子弟可以免试入学；其二是设置各路提举学司，管理所属州县学政。这次改革进一步强化了学校教育的地位，同时加强了国家对各级官学的行政领导。

三兴官学对扮演着官学替身的宋初书院的冲击是极其严重的，官学成为养士的正途，有些书院生员减少，后来便逐渐衰弱，如白鹿洞书院被废弃。还有些书院直接纳入地方州县学中，成为官学的一部分，其中最典型的当数"潭州三学"。当崇宁年间在全国推行"三舍法"时，潭州地方政府未仿行在州学或县学设三舍的做法，而是别出心裁推出了"潭州三学"，这三学分别是潭州州学、湘西书院和岳麓书院，三者分别对应外、内、上三舍的三个等级，学生通过考试依成绩升级。"潭州三学"一方面体现了当时官学与书院合而为一的现象，书院出现官学化趋势；另一方面，岳麓书院在三学中处于最高级，既反映了岳麓书院的办学成就，也大体上确立了岳麓书院作为高等学府的地位。

没有了掌握着财力资源与话语权的官方表彰推动、弱化了科举应试的价值，书院也就失去了在主流教育中的地位和影响，书院从喧闹的显赫中渐渐沉寂下来。但是，这还仅仅只是某一些方面问题的体现。如果我们从书院应有的个性化追求、独立自由之精神等方面去看待兴学运动，去认识它对书院的影响，就会发现问题的另一面：书院解放了，这正是书院做回书院自己、获得新生的机遇，这些，对书院的发展都是极其有利的。北宋中后期，书院仍在发展，其发展速度甚至超过了宋初，据统计，庆历以后新建与修复的书院有 36 所，是宋初的 1.7 倍。

南宋书院的繁荣与梦想

1127 年，宋室南渡，历史进入南宋时期。南宋使书院发展到成熟期和高峰期：奠定了书院探究学术的品格；确立了书院教育规程，以及书院的研究、讲学、藏书、刻书、祭祀、学田六大基本规制；形成了书院的招生、教师招聘、教学、考课等一整套行之有效的方法。可以说，中国古代书院的繁荣是南宋成就的。

南宋书院的发展高峰是在一种很特殊的环境下形成的。

在中国所有大一统的朝代中，宋朝疆域最少，而且四境不安。尤其是到南宋仅仅偏安江南一隅，北有金兵压境，西南有大理尚未归顺，内部有钟相、杨么起义，社会一直处于水深火热、动荡不安之中。偏安一隅的政府，满足于江南的富庶，沉溺于秦淮的风月，"直把杭州作汴州"。这时的统治者无意于收复失地，只求稳定目前的统治局面。他们继承了北宋重视文人、尊崇儒学的基本政策，并且希望找到一种思想或者理论来安抚人心，这一政策为书院的发展繁荣创造了政治上的条件。

南宋时期，印刷术的发达也为南宋书院的大发展奠定了基础。印刷术的革新进步，使得书籍可以大量印刷，而且成本降低，乡村子弟有了读书的机会，乡村书院也随之涌现出来。相对于州县学复杂的批复程序来说，乡村书院的创立则要简单得多，只要有乡贤愿意提供田舍，有心张扬本土学风，就可以创建书院。在这种情况下，民间力量办学成为可能，当然也就给了书院繁盛的机会。

再者，官学腐败与科举弊端是催生南宋书院发达的关键原因。自汉唐以来，官学一直是儒家理论的传播机构，是主要的养士之所。可是，官学养士却养出了大量醉心举业、不明儒道的追名逐利之辈。对于当时的官学及科举之弊，庆元年间的皇亲赵汝遇对这一现象有十分精辟的阐述，他说："中兴以来，建太学于行部，行贡举于诸郡，然奔竞之风盛，而忠信之俗微。亦惟荣辱升沉不由学佼，德行道艺取决糊名，工雕艺之文，无进修之志，视庠序为

杭州万松书院明道堂

传舍,目师儒如路人。"朱熹也说:"所谓太学者,但为声利之场,而掌其教者,不过取其善为科举之文……其奔趋辐辏而来者,不过为解额之滥,合选之私而已。师生相视漠然如行路之人,间相与言,亦未尝闻之以德行道艺之实。"《宋人轶事汇编》更是淋漓尽致地揭露了那些官学培养出来的士人见利忘义、鲜廉寡耻的行径:"金人索太学生博通经术者,太学生皆求生附势……比至军前,金人胁而诱之曰:'金国不要汝等作义策论,各要汝等陈乡土方略利害。'诸生争持纸笔,陈山川险易,古今攻占据取之由以献。又妄指娼女为妻妾,取诸军前。"我们从这些描绘中可以看出,士风败坏不堪,社会须革新官学教育,以重拾人心、重塑士人的价值观。

南宋统治者需要新的思想理论来重建纲常、安定人心,发端于北宋的理学正堪担此大任。南宋初年,统治者对理学的控制有所缓解,特别是在理宗时,文化政策可以说是十分宽松的,允许学者自由讲学传道,建立理学宗庙,对有作为的书院大肆褒奖。理学的正统地位得以确立,而理学传播的重要阵地——书院也空前繁盛。书院实际上担负起了"为天地立心,为生民立命,为往圣继绝学,为万世开太平"的大任。

由于理学大师朱熹、吕祖谦、张栻、陆九渊等人的影响,南宋诞生了一批名扬四海的著名书院,如白鹿洞、岳麓、象山、丽泽、考亭、明道、濂溪、丹阳、紫阳、武夷等书院,都取得了非凡的成就。

经过一波三折,中国书院在南宋后期发展到了最高峰,走向了成熟。南宋书院发展中的三个特点是其成熟的标志。

1. 书院各项工作规范化

首先是书院的建筑格局大体上一致。一般都由讲堂、斋舍、先贤祠堂、藏书楼、仓廪厨房等功能不同的几部分构成。文天祥所描述的安湖书院结构就有一定的代表性:"书院之制,前为燕居,直以杏坛,旁为堂,左先贤祠,祠后为直舍,缭斋以庑,不侈不隘。"

其次是书院活动的规范化。南宋书院活动一般包括研究学术、讲学传道、收藏图书、刻印图书、祭祀圣贤及经营学田等六大相互联系的事业。

再次是书院职事分工明确,组织管理较为完善。有一定规模的书院一般设山长(洞主——朱熹就曾担任白鹿洞书院洞主)作为最高领导,下设堂长、司书、司录、斋长等职分管相关事务。有些书院的管理机构分工是十分明确的，如明道书院设了山长、堂长、提举官、堂录、讲书、堂宾、直学、讲宾、钱粮官、司计、掌书、掌仪、掌祠、斋长、医谕等15种职位，可以说是事无巨细，均有专人管理。

最后是规章制度制定得较为详细。在书院规章制度建设方面最为典型的就是制定学规章程以规范书院的教学管理、对书院师生的行为举止有所约束。如吕祖谦的《丽泽书院学规》对学习者的品德修养、学习方法、学习纪律等都有具体规定；朱熹的《白鹿洞书院揭示》，以简明扼要之语，精择先圣成训，规定了学习内容（五伦）、学习层次（学问思辨行）以及修身、处事、接物的要义，朱熹定此学规，意在对当时教育之中存在的"钓声名，取利禄"的弊病有所纠正。《白鹿洞书院揭示》是书院精神的体现，后来由理宗颁行天下，成为许多学校共同遵守的学规。《明道书院规程》在仿行《白鹿洞书院揭示》的基础上，还对入学资格、教学内容及时间安排、学业与德业考评奖惩、请假与考勤等都做了明确规定，以保证书院的品质和正常运行。

2. 书院祭祀对象个性化

北宋时期书院的祭祀对象主要是儒家先贤，如岳麓书院"祀先师、十哲、七十二贤"，江西秀溪书院"中设夫子位置，翼以颜曾思孟"。实际上，当时书院所祭祀的关键人物就是官方认可的至圣先师孔子。到南宋时，书院祭祀的对象日益多样化、个性化，在祭祀至圣先师孔子的同时，还祭祀能够象征本书院学术渊源与特色的人物，如明道书院专祀程颢，朱熹门人经营的书院则当然祭祀朱熹，陆象山传人在书院中则主要祭祀陆象山。除此之外，也可祭祀那些本方乡土德高望重之人、在此地做官于本土有功之人、在此地学有大成之人或教化一方卓有成就之人。概括而言，凡是那些与本土有一定关系（包括学术渊源）且德行道义足以垂范后人者都可能入祀祠堂。

3. 书院教学方式多样化

南宋时，书院的教育功能已被强化，教学成为书院的一项重要工作。与官学师授生受的教学方式相比，书院教学的显著特点体现在以下两个方面：

一是强调学生的自主学习及相互启发。如《丽泽书院学规》之《乾道五年规约》就要求学生学习时"凡有所疑，专置册记录。同志异时相会，各出所习及所疑，互相商榷，仍手书名于册后"；朱熹也鼓励学生"自去理会，自去体察，自去涵养"，教师"只是做得引路底人，做得个证明底人，有疑难处，同商量而已"，也可以理解为，就是让学生真正成为学习的主体，开展自主学习、合作学习、探究学习。

二是开展不同层次的讲学活动。书院的讲学既有大师会讲以探究学理；也有山长、堂主主持的意在传播学术的讲学，在实际情况中这一层次的讲学所占比例较大；甚至还有开放式的对广大民众进行教化的讲学。除此之外，书院还常常从其他地方聘请名人讲学，朱熹本人就经常到各地书院讲学。朱熹也邀请他人到白鹿洞讲学，如曾经请与他学术观点有分歧的陆九渊到白鹿洞，以"君子喻于义，小人喻于利"为题讲学，听者"莫不竦然动心"，甚至痛哭流涕，朱熹本人也对这位学术论敌的讲学颇为欣赏。

还需要提及的是，南宋书院与学术研究融为一体，其突出表现就是书院与理学的同命运、共荣辱。南宋的理学家们正是在书院中找到了精神家园，而书院也因理学家的耕耘而确立了文化品格。

第四节
不断扩张的元代书院

书院进一步发展的时期是在元朝。由于元代书院的增置，使得元明时期书院的文化传播、文化更新功能均有一定程度的进展。

元代书院的发展

元朝是书院建设的繁荣时期，历史上一直有"书院之设，莫盛于元"的说法。之所以有如此说法，一方面是由于元朝官方对书院的扶持政策。元统

元代绵竹紫岩书院

一全国后，为了利用汉族较先进的文化教育，也为了缓和知识分子的反抗情绪，十分重视文化教育，推崇程朱理学和书院教育，在这种措施的推动下促进了元代书院的繁荣。另一方面，元代书院作为一种私学组织，仍然依赖于民间力量得以保存与发展。元朝统一后，很多儒家学者不愿在元政府中做官或在官学中任教，便退居山林，建立书院，自由讲学。这种私办书院在元代的数量是较多的，如汪维岳在歙县建友陶书院，胡一桂退而讲学婺源湖山书院，王奕、王介翁父子隐居玉山建斗山书院，裴方润、龚霆松隐居贵溪创建临清书院、理源书院。

元代书院的传习内容主要是程朱理学，在这种背景下，理学和书院的结合更加紧密。一方面，那些入元不仕的儒家学者建立书院讲学时，都是推崇、传播理学的；而元代新涌现的一批理学家如赵复、许衡、吴澄、刘因等人，不仅继承并发展了理学思想，而且利用书院从事理学的学术研究和传播活动，这些使理学和书院的结合更加紧密。另一方面，程朱理学在元代受到官方的推崇，朱熹的《四书集注》成为一切学校教学的法定教材，科举考试也以朱注为准。所以，不仅私办书院讲习理学，官办书院同样重视理学。这样，理学和书院在相互促进中得到发展，元代书院因理学地位的提高与理学的讲学而得到更大程度的发展，理学又因元代书院的发展得到更加广泛的传播。

虽然元朝政权的存世时间不长，只有短暂的不足百年时间，但在书院建设方面却得到了充分发展。不过元朝政府对书院的利用和改造，使得书院官学化了。由于书院教育的生命力在于它是实行自由讲学的私学组织，而元代书院则在很大程度上对这一性质和特色有所减弱，其结果就是官学的种种弊端亦在书院中逐步出现，如为教者敷衍塞责，为学者追求功名利禄，学术空气淡薄，教学内容僵化。因此可以说，尽管元朝书院在数量上得到了发展，但在质量上却远远不及南宋。

元代书院在表面繁荣中暴露出来的许多弊端，体现出书院官学化后必然具有的内在矛盾，为后世书院创办者们提供了一条借鉴之路。明代书院在文化教育取得成就和形成特色，即表现为重新恢复了以往书院所具有的文化功能。

元代的文教方针及书院政策

元代的基本国策是推进封建化，其文教方针和书院政策都是为封建化的基本国策服务的。

基本处于奴隶制社会发展阶段的蒙古民族在统一全国之后，面对着的是已经有上千年发展封建制度的历史，经济发达，文化教育、科学技术都处于十分领先的地位的中原大地。怎么使自己民族的封建化进程有所加快，又能充分保持本民族的传统优势和统治地位，是元代统治者面临的十分迫切而又极其复杂的社会问题。推行"汉化"的文教方针正是由元代加速封建化的基本国策所决定的。

元世祖忽必烈是元代推行"汉化"文教方针的奠基人。他对蒙古民族的历史和现状做出了精准的分析，指出："祖宗肇造区宇，奄有四方，武功迭兴，文治多缺"，清醒地认识到蒙古民族"武功迭兴，文治多缺"正是在政治、经济和文化教育方面封建化程度不足的体现。

元代推行"汉化"文教方针，首先表现在提倡尊孔崇儒。元代在尊孔崇儒的推动下，孔子的地位也快速上升，至武宗朝竟加封孔子为"大成至圣文宣王"，儒家经书在元代得到广泛传播。元世祖率先研读儒家经典，并敕令从官秃忽思等人辑录《毛诗》《孟子》《论语》等，以供其学习之用。他尤其重视理学家的著作，"四书""五经"《孝经》《小学》都成为士子必读之书，并被列入科举考试的程式之中，为理学的北移创造了有利的条件。

重用儒士是元代推行"汉化"文教方针的重要内容和措施，也是元代推行"汉化"文教方针的重要保证。

元代广德寺书院

早在成吉思汗和窝阔台时代，就曾网络了大批亡金的儒士大夫，如：耶律楚材、王楫、李藻、郭宝玉、李国昌、元好问、郝经、姚枢、杨惟中等，他们推动了元代"汉化"文教方针的实施，并在元代贯彻"汉化"文教方针的过程中，发挥了重要的推动作用。

在元世祖忽必烈进兵南宋时，杨惟中、姚枢随军，在湖北俘获理学者儒赵复，对他厚待有加，请他北上传授程朱理学。北方的儒士大夫姚枢、刘因、许衡、窦默、郝经等人，都是通过赵复才得知理学的奥义，特别是许衡对于理学在北方的传播和发展所做出的贡献更是巨大。

大批儒士大夫在元代受到重用，有的从政，有的兴学设教，更多的人则是潜心学问和从事著述，为元代的政治、经济、文化、教育的建设和发展发挥了重要作用。

由于元代的书院政策是服从和服务于元代的"汉化"文教方针的，所以说，元代的书院政策是"汉化"文教方针的重要组成部分，又是"汉化"文教方针的具体体现和实际内容，也是"汉化"文教方针得以顺利持续推行的制度保证。

元代书院政策的制定、确立和发展，经历了一个漫长的时期。

元朝初年，对书院采取了注意保护的政策。元世祖中统二年（1261年）六月，下令保护一切文化教育设施，规定："宣圣庙及管内书院，有司岁时致祭，月朔释奠，禁诸官员使臣军马，勿得侵扰亵渎，违者加罚。"当时主要是从政治上考虑，最大努力地缓解被占领区军民的反抗情绪，对儒士文人采取安抚怀柔之策，其目的是"上答天意，下结民心"，"国家育才待聘风动四方之美"。很显然，这些措施收到了十分明显的效果，奠定了元代书院发展的基础。

元代对书院采取积极创办、鼓励发展的政策，但并不意味着放任自流，而是逐步加强控制。一方面反映了元代统治者对书院的重视，加强管理，为书院的发展提供了保证；另一方面也限制了书院讲学自主灵活等特色的发挥。元朝的封建统治者是矛盾的：鼓励发展担心失控造成威胁，加强管理又会管死，失去书院的特色。元代统治者内部对保护和鼓励发展书院的政策一直充满矛盾和斗争，一部分官僚贵族不赞成保护和发展书院。根据相关文献记载，著名学者许有壬之父去世后，门人弟子为纪念他，建东冈书院以为育才之地。南台监察御史木八剌沙，百般刁难，极言书院不当立，加以诬陷，许有壬被迫称病归里。

元代书院的发展和官学化

清代学者朱彝尊的《日下旧闻》称："书院之设莫盛于元，设山长以主之，给廪饩以养之，几遍天下。"据《文献通考·学校考》记载，太极书院为元建书院的开始，其后，兴建书院成为潮流。据曹松叶《元代书院概况》统计，元代新建书院143所，兴复原有书院65所，改建书院19所，合计227所。今人丁益吾先生查阅大量文献资料，整理成《历代书院名录》，其中载元代计有书院296所，均注明为元代所建。这项统计是比较完备的，但仍有不少遗漏。如：工旭为之作记的长芦中和书院，为元初高伯川所建，即未收录。考虑到宋代已有书院600余所，在元代大部分得以保存和复修，估计元代书院约近千所，真可谓"几遍天下"了。

元代书院不仅在数目上有极大的突破，而且书院的地域分布与宋代相比，也有很大变化。元代书院仍以江南数量最多，大部分集中在长江流域。按曹松叶《元代书院概况》统计，在总数227所书院中，152所在长江流域，占66.96%，仍居第一位；32所在珠江流域，占14.10%；43所在黄河流域，占18.94%。和宋代相比，珠江流域由第二位降为第三位，而黄河流域则由第三位升为第二位。特别是黄河以北地区的书院都是元代以后才兴建的。这种情况对始于元代的"南学北移"起到了很大的促进作用。王旭在《中和书院记》中称："草创以来，国家以伐宋为事，未暇文治，今圣人在上，天下一家，书籍盛于中国，学校遍于四方，斯文其将复兴乎！且书院一事，盛于南国，而北方未之有，今高君（伯川）营此，盖将以为北方倡，而因以上迎乎天意，安知不有好事者随而和之哉！他日择形胜之地，尽规模之人，有如白鹿，如石鼓，如岳麓，称于天下，名于后世，以惠学者于无穷。"这些记叙，肯定了元代书院改变了"盛于南国

元代玉笋书院

而北方未之有"的状况,意义十分重大。

元代提倡私人出钱资、捐田亩建书院。元代有相当一部分书院是私人捐资献田修建的。如:江西吉水张文先捐田兴建白沙书院;新乐县赵氏兄弟捐家资修建壁里书院;建宁路浦城县甄西山之孙联合族人捐私田建西山书院等。

元代政府对有些不愿在朝做官,退而讲学,特别是捐私田建书院者,加以鼓励,赞赏有加。如:千奴,乞致仕,退居濮上,于历山之下,聚书万卷,延名师教其乡里子弟,出私田百亩以给养之。地方官奏明圣上,朝廷御赐历山书院额,以示褒赏;段直,割田千亩,置书万卷,聘名师,招四方来学者,朝廷特命嘉奖;田希吕在天门山麓建讲堂,成礼殿,备庖库,购经书,添祭器,捐田200亩,作为书院膏火之用,朝廷特赐名为天门书院。

元代书院官学化的重要体现或主要措施之一,就是官方对书院经费方面的管理控制有所加强。元代各级官府增加经费直接兴办书院,为书院专拨学田,享受与各级官学同样的官费待遇;对经费困难的民间或私办书院,也尽量给予经费上的资助。与此同时,对书院自筹经费和自营田产也加强管理和控制,明确规定:"路、府、州书院,设直学以掌钱谷。"这一措施,是官府对书院重视程度的一种直接体现,并且为书院的迅速发展提供了基本的物质条件。当然,这一措施也导致了书院在经营管理上独立自主地位的削弱,书院教育的特色日益淡薄。书院与官学几乎成为一体,仅有书院之名,而乏书院之实了。而且随着书院数量大增,官府经费有限,时常出现书院经费难以为继的困境。正如吴澄所言,许多书院"养之之费,官虽总之,而不能尽塞其罅漏,用匮则止矣"。官方经费不足,又无自筹经费的途径和能力,不少书院名存实亡。

元代书院官学化的另一项重大措施,是由各级官府为书院委派山长,选任主讲。有不少书院的山长、教授直接由各级官府官员兼任。即使是私人延聘的山长或教授,也要由官府认可后才能授以学官之职,也与官学一样对待。这一措施,同样表明了官府对书院的重视,十分有利于稳定书院的管理和教学质量的提高,也有助于提高书院管理人员和教学人员的社会地位。这一措施的初期,确实对书院的发展起到某种积极作用。但是,应当注意的是它对书院发展也有消极作用,特别是到后期,其弊端更充分暴露,导致书院管理混乱,师资芜杂。元代学者虞集曾对此批评说:"今天下学官猥以资格授,强加之诸生之上","选用多不精,而称职者寡"。元代学者程钜夫也指出:"近年书院之设日加多，其弊日加甚，何也？徒知假宠于有司，不知为教之大，徒徇其名不求其实然耳。"吴澄更明确指出："今日所在书院，鳞比栉密，然教之之师，官实置之，而未尝甚精于选择。"其根本原因在于书院过多地"受官府之拘牵"，完全丧失了独立自主的特点。

知识链接

古代书院里的爱情传奇

我国古代最哀婉曲折、感人至深的爱情悲剧就算是梁山伯与祝英台的故事了。这个故事发生时间一般认为是晋代，发生地点我们大家都知道是书院，哪里的书院、什么书院，不同流传版本各不一样。据现在学者的研究结论，晋代那个时候读书学习的地方不会称作"书院"。但后人将他俩的爱情故事源头和孕育地定在书院，是有道理的。古人对文人的要求和评价，"才"与"情"两项是最为重要的标准，有才之人才能有情，纨绔子弟多无才，无才必无情，书院确是一个能够培养文人才情的最佳教育场所。在古代书院读书的几乎是男性，祝英台这样有才、有情、有貌的女性混迹其中只是偶然中之偶然。梁祝二人在书院同窗共读数年，感情纯正，一旦确认了对方的爱情，就是至真、至正、至纯的真情，而不是明清小说中频繁出现的、发生在寺庙、尼庵中的苟且奸情，或者在青楼歌馆遭遇的艳情。书院才是孕育、培养、保持文人真性情的地方。

元政府的书院政策

中国古代，伴随周边民族铁骑横扫中原的往往是生灵涂炭，家园尽毁，斯文扫地。但这一次宋元间的改朝换代，尽管元军所到之处尽是一片狼籍，惨不忍睹，但大多数书院算得上是幸运的，因为，入侵者对书院采取了积

极的保护政策。

中统二年（1261年）六月，世祖下诏曰："宣圣庙及管内书院，有司岁时致祭，月朔释奠；禁诸官员使臣军马，勿得侵扰亵渎，违者加罪。"忽必烈的这道诏书成了战火中南方许多书院的护身符，从而免遭灭顶之灾。当然，城门失火，殃及池鱼，战火纷飞中，"护身符"也未必能尽保书院的完整，如湖南岳麓书院和湘西书院、桂林宣成书院、福建凤岗书院等就在战火中化为一片废墟。

但是，总体而言，南进元军基本能够奉诏行事，并在统治区域坚决制止破坏书院的行为。如至元二十八年（1291年），元朝就查处西夏商人江南佛教事务总摄杨琏侵占书院产业一案。当时，杨琏依仗权势，霸占了其统辖范围内的许多宫观、庙宇、学舍、民房、田地、山林等，其中就包括湖州的安定书院、镇江的淮海书院等。杨琏在霸占这些地方后，"不为修理爱护，摧毁圣像，喂养头疋，宰杀猪羊，恣行践踏"，杨琏的种种行为，被当地民众所痛恨。于是，朝廷派人前往查办，不仅查抄了杨琏所霸占的一切公私物件，还将书院、学舍的产业物归原主，而且张榜告示，以起到警示作用。自此之后，在成宗朝和武宗朝也都先后颁布过类似的保护书院田舍、不许随便占用的诏令。由此也不难看出，元朝对书院的保护政策是有一定连贯性的。

对于不少人所觊觎的书院田产，至元二十年（1283年）时元政权曾规定："江南赡学田产所收钱粮，合令所在官司明置文簿，另行收贮。如遇修理庙宇，春秋释奠，朔望祭祀，学官请俸，住学生员食供，申覆有司，照堪端的，依公支用。若有耆宿名儒、实无依赖者，亦于上项钱内酌量给付，毋令不应人员中间作弊。"至元二十三年（1286年），元世祖诏令："江南诸路学田昔皆隶官，诏复给本学，以便教养。"由上可见，朝廷明文规定：专款专用——学田收入只能用于书院的各项活动。这一规定从经费层面上保证了书院的正常运行。

元政府在认可南方已有书院的同时，对私人创办书院也是十分认同的。至元二十八年（1291年），元世祖忽必烈就诏告曰："令江南路学及各县学内，设立小学，选老成之士教之，或自愿招师，或自受家学于父兄者，亦从其便。其他先儒过化之地，名贤经行之所，与好事之家出钱粟赡学者，并立为书院。"换句话说就是，只要与"先儒""名贤"有一定关系的地方，在具备维持书院正常活动的经济实力的前提下，凭自己的意愿都可创办书院。应当说，这个办书院的政策是相当宽松的。

元政府对书院的积极支持政策自然有其政治上的意图，如争取士人阶层、缓和民族矛盾等，但就其取得的实际效果而言，确实是在朝廷的保护、支持下，南方书院基本维持了南宋的发展势头，北方书院也获得了长足的进步，官办书院发展迅速。

元代书院的特点

在书院的成长历程中，元朝留下了属于那一个时代的独特足迹，总体来看，有以下几点：

1. 空间扩张——向北推广

宋金对峙期间，北方书院遭到破坏。尽管金在后期受南宋书院发展大势的影响，曾修复或新建了一些书院，如河南应天书院和黄华书院、直隶封龙书院、山东状元书院和武城书院、山西翠屏书院，但就总体形势来看，其数量是十分有限的，和当时南宋的四百余所书院相比，北方的书院数目是少的可怜的。

到了元朝，北方书院这种局面大为改善。元以大都为首都，政治中心在北方，发展北方的经济文化，提升北方的地位以控制南方就显得尤其重要。为此，统治者不仅在科举考试中将名额向北方倾斜，而且着力引导理学北传——当时理学与书院是荣辱与共、血肉相连，在战争中，甚至也没忘记寻找饱学之士北归。如《元史》中就有这样的记载："岁乙未，南伐，诏枢从惟中即军中求儒、道、释、医、卜者。"从这寥寥数语中，我们看到了忽必烈谋求文化北传的远见卓识。在此次征伐中，姚枢寻到了名儒赵复，并将一批程朱学说的抄本带回了大都。

在前述政策的引导下，北方书院得到了很大程度的发展。根据统计，元代黄河流域共有书院43所，占当时书院总数的18.94%（宋代为13所，占3.25%）；如果按省区分布，则北方六省（北京、河北、河南、山东、山西、陕西）共有书院67所。到元末时，直隶、河南、山东、山西、陕西五省新建书院达80所，几乎占了那时新建书院数的30%。元代北方书院的发展不仅促进了北方思想文化的发展，而且为明清时期书院的继续北移奠定了基础。

2. 官方深度介入

纵观书院的发展历史，我们可以看出，书院从产生起，就或多或少与官方发生着关系。南宋时，书院与官方关系密切，主要表现为赐额、赐书、赐田、发表扬信、任命山长等。元代官方介入书院的方式已远不只赐额、赐田、赐书或发表扬信，而是深度介入了书院建设的方方面面。

首先，实施严格、烦琐的书院报批手续。元政府通过对书院的严格审批，使书院从诞生之日起就处于政府的严密控制之下。在严格的审批程序下，民间办学是十分困难的，这也影响了书院的正常发展势头。

其次，山长学官化，控制书院领导权。山长是书院主持教学与管理的负责人，一般由名师大儒担任。南宋后期，山长开始学官化：由地方学官任山长或吏部授山长。到元朝时，山长进一步纳入地方官员系统中，成为一种学官。

当然，元书院的山长肯定不全是由学录、教谕升上来的，也有一些山长是名师大儒，有一些山长是昔贤后嗣担任，还有不少山长为下第举人。但是，无论哪一种，都与官府有所联系。名师大儒、昔贤后嗣也需经过官方举擢、任命，下第举人做山长更是一种恩泽。

再次，介入学田，掌控书院的经济命脉。对于书院来说，学田就是其得以正常运行的生命线，是书院坚实的经济基础。当书院属于民间组织时，书院的学田属于民间这是毫无疑问的，不归官方管辖。然而，当书院被官僚化后，学田成了国有的学产。元政权直接介入了对书院学田收支的管理中。政府明文规定：学田的收入交由相关的官员簿书登记，专门管理；书院在需要"修理庙宇，春秋释奠，朔望祭祀，学官请俸，住学生员食供"或奉养"耆宿名儒"时，再向相关部门申请支用。因此，还专门设"直学"一职掌管书院田产的收支。至此，政府牢

元代书院遍及全国各地

牢控制了书院的经济命脉，同时也牢牢地控制了书院。

最后，政府直接创办官办书院，强化书院的官方色彩。说到元朝的官办书院，首先当推朝官杨惟中和姚枢主持创办的太极书院。太极书院的影响是十分深远的，它由朝廷直接办理，延请南宋名儒赵复主讲，也是京师第一所书院。延祐二年（1315年），河南创建诸葛书院，该书院也由朝廷办理。但总的来说，由中央政府出面办理书院的案例尚属个别，元朝的官办书院主要还是各级地方官办理的。

事实上，本属于草根的书院即便官办的只占17%，也已经相当可观了，更何况官办书院本身就有很大的号召力。而随着元中后期书院审批手续的严格、复杂化，各级政府充分利用自己的有利条件，常常参与到书院的创办之中。

元政府深度介入书院的建设，使书院发展有了坚强的后盾，但同时也使书院的自由精神逐渐消失了。

3. 多民族共建书院

元代书院有一个突出的特点：少数民族成为创办书院的主要力量。传统书院一般由汉族官绅士人创办，但在元书院的建立中，已能考证到的至少有蒙古族、女真族、苗族参与其中。蒙古族人民作为元朝的统治民族，充分利用政策及地位优势纷纷投身于书院建设的潮流中。其中，最值得在此记述的当数退休从三品秘书太监蒙古人达可在四川成都创办书院的义举。达可退休后回到生长地四川，定居成都，然后用自己的积蓄在成都创办了石室、草堂、墨池二所书院，不遗余力地为书院购置学田、书籍，上表请赐。刘岳申在《西蜀石室书院记》中盛赞达可的这种热心教化、慷慨无私的精神，情不自禁地连呼"贤哉秘书"。除此之外，女真人富珠哩氏在河南创办博山书院、苗人杨再成在湖南创办儒林书院，也都表明元代有更多的力量加入到了创办书院的队伍中。

少数民族加入创办书院行列，大大推动了有元一朝书院的发展，同时也为明清更多的少数民族人士投身书院建设起了良好的示范作用。

第五节
明代书院的发展与劫难

明代是中国封建社会发展的成熟阶段,资本主义生产关系的萌芽也诞生于明代中期。商品经济的繁荣和市民阶层的初步觉醒又从封建社会内部撼动着封建统治的社会基础。在这样的情况之下,强化中央集权统治和加强思想控制,同要求冲破中央集权统治和解除思想控制的斗争进行着反复的较量。明代书院作为与民间特别是知识阶层有着血肉联系的文化教育机构,对此有最敏锐的反应。明代书院正是在错综复杂的政治思想、文化教育的激烈斗争中,获得发展的。

明代的文教政策与书院

明代书院的发展与明代的文教政策之间的联系十分密切。

明代经过近百年的努力,经济得到很大程度的发展,政治清明、时局稳定,出现了所谓"洪永"盛世。在此期间,朝廷坚持"世治宜用文"的文教政策,集中精力发展官学和强化科举考试,取得明显的成效,官学教育得到空前发展。

中央官学规模扩大,设施充备,制度完善,待遇优厚。有人称:明代中央官学"规制之备,人文之盛,自有成钧,未之尝闻也"。地方各级官学也普遍设立,并采取一系列措施,一度形成"家有弦诵之声,人有青云之志"的良好社会风气。

正是在明代朝廷全力发展官学、强化科举考试的政策导引下,造成了明初近百年书院备受冷落、一度陷入瘫痪的局面。近代学者、书院史研究专家柳诒征先生在《江苏书院志初稿》一书中指出："明初教士，一归学校"，而"讲学书院之风一变，其存者徒以崇祀先儒耳"。清代学者黄以周也曾说过："学校兴，书院自无异教；学校衰，书院所以扶其弊也。"

著名的白鹿洞书院，自元末毁于兵火，一直无人问津，竟然"昔日规制不可见，惟闻山鸟相呼，山鸣谷应，余音悠扬，恍类弦歌声"（《白鹿洞志》）。著名的岳麓书院在明初也处于荒废状态："破屋断垣，隐然荒榛野莽间。"当时有人留下一首《书院废迹》诗："峨峨岳麓山，前贤读书处。世远人亦亡，遗基尽荒秽。犹存北海碑，尚有南轩记。公暇一来过，徘徊发长喟！"（《岳麓志》）这一时期得以保留的书院寥寥无几，主要是用作祭祀之所，如：洙泗、尼山书院只为祭祀孔子及其弟子，不复有讲学之举了。

自明宪宗成化年间至孝宗弘治年间（1465—1505年），由于宦官势力膨胀，政治腐败，社会矛盾加剧，官学教育和科举考试弊端丛生。官学学生"但取食廪年深者"，"只有资格""不讲学力"，"士风浇漓""不胜其滥"。在此情况下，一部分朝臣和读书士子担心文教事业每况愈下，强烈要求朝廷采取措施，"颁布明诏，广开言路，以振作鼓舞天下士气"（《明通鉴》卷三十三）。同时入手恢复书院讲学，以弥补或纠正官学和科举之弊。如：成化元年（1465年），南康太守李龄在白鹿洞书院旧址增建房舍，招郡人子弟相约其中，聘著名理学家胡居仁掌教事，"名士弦诵其间，而风教始著"，并立规约六条："正趋向以立其志，主诚敬以存其心，博穷事理以尽致知之方，审查

明代雯峰书院

几微以为应事之要，克治力行以尽成己之道，推己及物以广成物之功"，吸引"四方英明豪杰之士，相与讲论，切磋于其间"（《胡敬斋集》）。又如：成化五年（1469年），长沙知府钱澍修复岳麓书院，使"百数十年丘墟之地，顿靓大观"，弘治七年（1494年），陈钢、杨茂元继续修复，至弘治九年（1496年），再次"辟道路，广舍宇，备器用，增公田，储经书"，以便"振文教于湖南，流声光于天下"（《岳麓志》卷七）。

白鹿洞、岳麓两座著名书院的相继修复，的确起到了"流声光于天下"的良好示范作用。朝廷也一改长期对书院冷漠的态度，主动提倡建书院，如：宪宗成化二十年（1484年）"命江西贵溪县重建象山书院"，孝宗弘治二年（1489年）"以吏部郎中周木言修江南常熟县学道书院"。凡此种种，都标志着明代书院的全面复兴。

明代正德年间（1506—1521年），书院进入空前繁盛的发展时期。"缙绅之士，遗佚之老，联讲会，立书院，相望于远近。"其直接原因是王阳明、湛若水等一批名流大师倡书院以聚徒讲学。据《明史·王守仁传》赞称："正嘉之际，王守仁聚徒于军旅之中，徐阶讲学于端揆之日，流风所被，倾动朝野。"沈德符在其所著《野获编》中也提到："自武宗朝，王新建（王阳明被封为新建伯，故称王新建）以良知之学，行江浙两广间，而罗念庵、唐荆川诸公继之，于是东南景附，书院顿盛。"湛若水是一位"志笃而力勤"的教育家，55年间无日不授徒，无日不讲学，"平生足迹所至，必建书院以祀白沙（陈白沙，湛若水之师），从游者殆遍天下"。

据统计，明代共建书院近1600所，其中正德年之前所建约500所，正德年之后所建约1100所。换句话说，从朱元璋建明至正德元年（1368—1506年）近140年，所建书院，仅占明代书院总数的30%，正德之后同样不足140年（1506—1644年），所建书院却占明代书院总数的70%。而正德、嘉靖两朝（1506—1566年）共60年，却建书院达634所，占总数近40%，超过正德前140年所建书院的总和。在王阳明、湛若水等人及其弟子门人讲学活动的主要地区，其书院的数目则更加繁多，如：江西书院达265所，浙江也达173所，广东（含海南）149所。三省之和近600所，占全国书院1/3以上。连西北、西南等边远地区，如甘肃、宁夏、贵州、云南等省区，也创建了不少书院，而且很大部分是正德年之后所建。

正德、嘉靖两朝对书院发展采取支持、鼓励的方针，促使书院蓬勃发展，结果发展规模迅速扩大，书院数量猛增，书院讲学的宗旨和内容也出现不合官方意图的趋势。这让朝廷感到，长此以往，对书院的控制将会越来越难，尤其是不少书院被卷入朝野政治斗争的风浪中，引起朝廷的警觉。在某些政治势力的操纵下，自嘉靖后期起，多次出现禁毁书院的事件。但是，书院具有强大的社会影响力和生命力，事实上是禁而不止、毁而难废的。

纵观明代书院的发展历史，明初百余年，"国学网络人才，士之散处书院者，皆聚之于两雍，虽有书院，其风不盛"。正德之后，"国学之制渐堕，科举之弊孔炽，士大夫复倡讲学之法，而书院又因之以兴。"（《江苏书院志初稿》）王阳明等人聚徒讲学，倾动朝野，东南景附，远近相望，流风所被，书院顿盛。至东林书院兴，其讲学力主"讽议朝政，裁量人物"。朝廷又采取了粗暴的禁毁措施，然而又禁而不能止。

明代书院的讲会和学风

讲会（或称会讲）是明代书院的显著特点，也是明代书院兴盛的一个重要标志。

书院讲会之风大盛，是在王阳明的倡导下经过发展后逐渐形成的，实施于书院教育中，成为一种相当完备的制度。

王阳明认为，为学不可离群索居，不可一曝十寒，不可独学无友。同守一地，专从一师难以长进，最好的方式是经常聚会讲习，师友相观而善，取长补短，从而诱掖奖劝、砥砺切磋，使道德仁义之习日亲日近，世利纷华之染日远日疏，才能使教育的社会功能得以完全发挥。

讲会与近代学会组织的性质十分相似，以书院为中心，联合附近社会人士共同组成，书院之间也联合经办，轮流主持，成为一个影响广泛的学术教育活动。当时著名的学会有惜阴书院讲会、东林书院讲会、关中书院讲会、紫阳书院讲会、姚江书院讲会，还有同善会、水西会、西原会、青原会、云兴会、依仁会、天泉会等。讲会都有特定的规约，

明代鞍山书院

王阳明像

所谓"凡学必有约，凡会必有规"，制订的《学约》《会约》《会规》详细明确地标明宗旨、组织、仪式、程序等。

讲会有规定的日程：讲会分月会、年会两种，月会每月初八、二十三各举行一次，巳时开讲，申时散会。年会每年九月十五日（朱熹生日）或三月十五日（朱熹忌日）。每会各举行三日。

讲会开始时的仪式也颇为隆重：开始时举行释菜（以果蔬祭先圣先师）典礼，祭孔子及宋儒；会日，由会赞设朱熹神位，供香案；会友至，首揖朱熹神位，次揖会宗，再次揖会长以下。交实录于朱熹神位前，就坐于堂前位中；会宗或会长宣读讲义一章后，歌诗一章；再进讲，再歌诗；查实录，赏罚讫，登记考核成绩；布席，饭讫，撤席，复坐，质疑问难，议事辩礼，至下午申时，揖朱熹神位及会宗、会长，歌诗而散。

讲会的内容，除"四书""五经"外，理学家的著述、语录等都是讲论的材料。每次会讲，先由会宗预选一章，誊发给会友。会日进讲，又选邵雍、程颢、朱熹等理学家的诗数十首，在会讲时歌唱。散会后，会友要各备日录一本，记日行何事，接何人，存何念，读何书，吐何论。须忠实记载，于下次会讲时交会，与会友共睹，以备查核。

明代书院讲会的兴盛与发展，特别是明中叶以来阳明学派的兴起，对明代书院的学风产生了极其深远的影响。突出地表现为：敢于怀疑，注重独立思考。王阳明提出："君子之论学，要在得之于心。众皆以为是，苟求之心而未会焉，未敢以为是也；众皆以为非，苟求之心而有契焉，未敢以为非也。"其次是平等论学，求同存异，不株守门户，不以己见强加于人，提倡在学术论争中兼收并蓄，具有一种豪杰之气，侠义之风。

明代书院的劫难

或许是树大招风，明中后期走向辉煌的书院连连惨遭劫难。从嘉靖到天启，朝廷十多次禁毁书院，这严重影响了书院的正常发展。其中，最严重的禁毁书院活动有四次。

第一次发生在嘉靖时期。嘉靖十六年（1537年），御史游居敬上疏，指斥时任南京吏部尚书的湛若水"倡其邪学，广收无赖，私创书院"，进而提出"乞戒谕以正人心"。嘉靖皇帝沉迷于修道成仙，昏庸无能，对游居敬的上疏无意细察，即"令所司毁其书院"。不过，湛若水本人并未如政敌所料受到牵连，皇帝保留了湛若水的职位。这次遭殃的主要是与湛若水有关的南京附近诸书院。

第二次发生在嘉靖十七年（1538年）。吏部尚书许赞上疏说："近来抚按两司及知府等官，多将朝廷学校废坏不修，别起书院，动费万金，征取各属师儒，赴院讲会，初发则一邑制装，及台供亿，科扰尤甚。日者南畿各处，已经御史游居敬奉行拆毁，人心尽快，而诸未及，宜尽查算，如仍有建者，许抚按据奏参劾。"这次许赞的借口冠冕堂皇：书院发展影响了官学及科举，是人力、物力的极大浪费。嘉靖批准了许赞的奏请，书院再一次惨遭劫难，罹祸书院从南京向全国扩展。

这两次禁毁书院所打击的对象其实都是湛若水，奏禁书院只是游、许等人对湛的政治压制与打击手段。当游居敬、许赞之流打击政敌的目的达到后，对书院之禁也就不再提起。因此，总的来说，这两次禁毁对书院的打击不是致命的，书院仍在轨道上惯性地快速推进。

第三次禁毁书院是在万历朝张居正当政之时。张居正一手策划的禁毁书院经历了从万历三年（1575年）的"不许别建书院，群聚徒党"，到万历七年（1579年）春的"诏毁天下书院"两个阶段。早在嘉靖末年，作为内阁阁员的张居正就对书院讲学很是不满。张居正曾参加其老师徐阶在北京灵济宫组织的讲会，但他对讲会的印象很差，认为"窥其细处，则皆以聚党贾誉，行径捷举，所称道德之说虚而无当……而其徒侣众盛，异趋为事，大者摇撼朝廷，爽乱实名；小者匿避丑秽，趋利逃名"（《张太岳文集》卷二九）。张居正认为，聚众讲学只是夸夸其谈，"虚而无当"，聚众清谈议政可能动摇社稷根本。张居正对于当时盛行的书院讲会可说是耿耿于怀。因此，在万历初年，张居正成为内阁首辅后，即在他的改革政策中纳入了对书院的整饬内容。万历三年五月，张居正在《请申旧章饬学政以振兴人才疏》中提出"不许别创书院，群聚徒党，及号召他方游食无行之徒，空谈废业"。不容否认的是，当时的书院讲学确实存在一些问题，如徐阶的灵济讲会本是要传承王学，但由于徐阶是嘉靖、隆庆期间炙手可热的政治红人，位居首辅，在这种特殊情况下，难免有政治小人打着建书院旗号，其实只为投其所好，巴结逢迎，获得政治依附。从这一层面讲，张居正整饬书院其实未尝不可，但是，却不应扩大化，更不应发展到尽毁天下书院的程度。

明代崇正书院

第四次发生在天启年间。这一次禁毁书院与其说是毁书院，倒不如说是一次政治大清洗运动，由阉党首领魏忠贤一手策划并实施。天启年间，国家政治生活极不正常，本为河间无赖的宦官魏忠贤与熹宗乳母客氏勾结共同把持朝政，用权力及组织的特务机构排除异己、祸国殃民。万历二十三年（1595年），顾宪成、顾允成兄弟修复东林书院，并聚徒讲学。东林讲学不仅讲圣人之理，而且强调"家事国事天下事事事关心"，所以，讲学中自然会针砭时弊，臧否人物。东林讲学聚集了一批关心国事之士，在朝中也形成了一股正气。这招致魏忠贤之流的极大怨恨，他们冠之"东林党"名，企图加之结党为祸之罪予以铲除。就这样，以迫害东林学派为核心的第四次禁毁书院兴起。

禁毁首先从邹元标所创的首善书院开始。邹元标与东林学派的关系十分亲密，他所创办的首善书院学风与东林书院的学风如出一辙，讲学内容与时事联系，听者可以提问。除此之外，邹元标还在朝中极力向皇帝举荐意气相投人士，如赵南星、高攀龙等人。邹元标及其首善书院成为阉党的眼中钉、肉中刺，必欲除之而后快。于是，魏忠贤指使爪牙不断上疏攻击邹元标及首善书院，邹元标难以忍受其侮辱，天启四年（1624年）辞职回乡，怏怏病故。

天启五年（1625年）初，首善书院被禁，书院建筑改为奉祀辽阳阵亡将士的忠臣祠；七月，在御史倪文焕的参奏下，尽数毁碎书院碑记；天启六年（1626年），徐复阳又奏请将书院遗址迁到城外，以彻底拔除"党根"。从此，首善书院在京城荡然无存。值得庆幸的是，首善书院的建筑后来成为徐光启的历法局，总算未被完全淹没在禁毁的历史尘埃中。从天启五年八月开始，阉党大规模禁毁书院，打击"东林党"人，魏忠贤的爪牙在其中推波助澜。

天启五年八月，被称为魏忠贤鹰犬的御史张讷上疏攻击当时影响比较大的一些书院，如诬蔑东林书院"科聚财富，竭民膏血"，山长高攀龙等人"交结要津，纳贿营私"；冯从吾的关中书院侵占田产；徽州书院耗资巨万；江右书院操柄误国等。在凡此种种情况之下，奏请毁天下书院。与此同时，魏忠贤手下"五虎"之一的崔呈秀向魏忠贤高叫"东林欲杀我父子（崔为魏忠贤干儿子）"，然后仿元祐党案的做法，向魏忠贤进呈了一本名为"同志诸录"的黑名单，内列所谓东林党人309人。魏的两个爪牙一个伸向书院，一个伸向士人，东林党派连同他们苦心经营的书院同时不保。魏忠贤一方面矫旨拆毁书院，下令"东林、关中、江右、徽州一切书院，俱著拆毁"。以东林书院为例，天启五年即拆除书院主体建筑依庸堂，天启六年魏忠贤派人前往查看拆毁情况，并命令"不许存留片瓦寸椽"，风云一时的东林书院从此沦为一片废墟。另一方面，魏忠贤按图索骥，惩办黑名单上之人，"生者削籍，死者追夺"，一时之间宵小得势，大兴冤狱，制造了"东林六君子""江南七君子"等冤案。万历之毁，张居正至少是抱着振兴官学教育的念头在做，想要推行改革，拨乱反正；而天启之毁，虽然所毁书院的数量不到万历时的一半，但它本质上是一场阉党打击政敌的政治斗争，充满了血雨腥风。手段之残忍，用心之险恶，其罪行罄竹难书。天启之毁不仅昭示着书院在有明一代已不可能再有大的作为，也昭示着政权扭曲的明朝走上了穷途末路。

明代书院的特征

明代书院走过了很长一段时间的曲折之路，总体来看，明代书院的发展特征有以下几点：

1. 开疆拓土，延伸边陲

明代书院的地域覆盖面积已远超于元代。有记载的元代近千所书院分布在今天的19个省区，最北是北京的3所书院，南边的两广和云南也建有数所，总的来说，仍然集中在长江流域，一南一北只是少量分布。明朝时，这种分布形势发生了很大变化。明朝1900余所书院分布在今天的25个省区，遍布各大区：

东北有辽东的6所书院；西北的甘肃、青海、宁夏也都建立了书院；西南的云贵川书院各有数十所；华南的海南也建有书院17所，香港第一次建书院，广东的书院数跃居全国第二；华东、华中的书院建设一如既往。特别值得一提的是，明朝时期书院影响甚至超越国界，向东影响到朝鲜，朝鲜也掀起了一股创办书院的热潮。

2. 官方化与平民化

从书院的创办来讲，明代书院的官方化远远超过了元代。根据数据统计，明代各级官办书院占新建书院总数的68.36%，官方成为创办书院的主要力量，也可以说，官方越来越深地介入到书院建设中已是一种趋势。延续到清朝，官办书院比例还在增加。除此之外，宗室藩王投入书院建设行列也成为明书院发展的一道风景，如宁王朱宸濠所建阳春书院在当时就比较有名，永丰王朱厚燻为白鹿洞捐田产之事也广为流传。

明代蓉镜书院旧址

与书院创办官方化相对的则是书院讲学有了更多的平民化色彩。书院讲学一向以探究、传播圣贤之道为目标，其深邃与纯粹绝不是乡野匹夫所能领悟的，因此，大师讲学对象一般是士人。到王阳明建书院讲学时，这一情况发生了变化。王阳明在镇压农民起义过程中感到"破心中贼"胜于"破山中贼"，试图通过广泛的书院讲学教化民众，让平民阶层都能讲信修睦，成为"善良之民"，养成"仁厚之俗"。王阳明在其所发布的《社学教条》中要求教者"以启迪为家事，不但训饬其子弟，亦复化喻其父兄。不但勤劳于诗礼章句之间，尤在致力于德行心术之本，务使礼让日新，风俗日美"（《王阳明全集》卷一七）。在王阳明看来，基层书院的化民成俗，不仅要从小孩子抓起，而且还应教导其父母兄弟，在普通民众中广泛形成敬爱亲长、忠信礼义的风气。

3. 再现书院与学术的一体繁荣

宋朝是中国书院发展的一个高峰，其高潮的到来是和程朱理学的成长相伴的。明朝书院在数量上远远多于前朝，是一个空前繁盛的时期，这一繁荣局面的出现同样是由于学术的新发展：在批判程朱理学的烦琐中王湛心学被越来越多的士人所承认。虽然王湛心学从来没有像程朱理学那样被掌握着话语权的统治阶层认可为国家正统思想，但心学浅近的理论、通俗的教学方法使它更容易被大众所接受。心学的广泛传播与书院的繁荣兴盛在正德年间一起成为明朝思想与教育界的大事，书院为心学传播插上了腾飞的翅膀，心学则为书院注入了新鲜的血液。

知识链接

书院雅集

雅集是书院经常举行的一种文人集会形式，是一种最能体现文人诗意化趣味的学习和生活方式。雅集目的是更放松地学习和交流，吟诗作赋，自由讨论，或者完成作业课卷，气氛轻松愉快。有些书院举行雅集的频率还非常高，如清代广州学海堂一年之内有近10次固定的雅集机会，成了一种制度化的文学活动安排。如学海堂对盛夏雅集的记载："盛夏溽暑，肉山如蒸。堂中有期，曝书一集。清晓登山，陈书就日，各携所业，从容讨论。山似太古，日如小年，荔子传筋，荷叶包饭，缥囊缃帙，可以镇心，藏弄既周，晚凉斯发，徘徊树阴，不觉月出矣。"从此雅集记载可知，活动内容比较丰富，登山游玩，月下散步，读书学习，互相讨论，而且持续时间比较长，从清晓到月出的晚上；但主要的目的还是学习，首先要"曝书一集"，要晒书，意思是要看一集书，游山时，师生手拿书本，互相从容讨论；雅集中有吃的，有"荔子""荷叶包饭"，但比吃更好的是能"镇心"的"缥囊缃帙"，就是书卷。

第六节
清代书院的繁荣与衰落

清代是我国历史上最后一个封建王朝，中国古代书院发展到清代也经历了历史性的变革。

1644年，清军攻陷北京，正式入主中原。在历时266年的统治时期，书院的命运经历了从极度繁荣到悄然消亡的重大转折。清代书院无论是数量还是地域分布，前朝都不能与之相提并论。就数量来说，有清一代共有书院近5000所，是明朝书院的2.5倍，其中新建书院达3757所；从地域分布来看，书院遍布今天除西藏之外的行政区划的31个省区。但是，书院发展到清代时面临着前所未有的问题：在东西文化冲突中何去何从？我们完全有理由相信，凭着书院的自由精神、包容胸怀、学术创新能力，书院完全可能在文化冲突中找到自己的位置，获得新生。但是，社会现实没有给书院这一机会，朝廷1901年教育改革的一纸诏令，让书院这种文化人的文化家园盛年而殁，随着学校改制、学堂荣登大雅，书院在历史的舞台上悄然隐退。

清代的文教政策和书院发展

明中叶书院的兴盛和讲会制度的发展，曾使学术活动异常活跃，激发了知识分子关心国家、民族前途、命运的热情，也由此招致统治集团的恐惧，从而采取了连续禁毁的极端措施。

清代统治者在统一全国之后，认真总结明代的经验、教训，对书院采取了严格的限制措施。然而从雍正十一年（1733年）起，在禁止私人创办书院的同时，却开始大力提倡官办书院，首先在各省会所在地兴建或恢复书院一两所，并拨给帑金以资益助。在这些措施之下，各省的书院陆续兴办起来，并使之成为省内的最高学府。先后修复或创建的书院有：保定莲池书院、济南泺源书院、太原晋阳书院、开封大梁书院、南京钟山书院、苏州紫阳书院、南昌豫章书院、杭州敷文书院、福州鳌峰书院、武昌江汉书院、长沙岳麓书院、长沙城南书院、西安关中书院、兰州兰山书院、成都锦江书院、肇庆端溪书院、广州粤秀书院、桂林秀峰书院、昆明五华书院、贵阳贵山书院、北京金台书院、桂林宣成书院、沈阳沈阳书院，共23所。

自此之后，各府、州、县也纷纷设立书院，"或绅士出资建立，或地方官拨公帑经理，俱申报该管官查复"。各级书院多被纳入了官学的轨道。清代统治者在鼓励书院发展的同时，其控制力度也有所增加。书院逐步变成仅是"广学校之不足"的官学附庸，书院主持者和主讲人多不再讲学修德，只是为了应付科举考试。读书士子也多迷恋于八股试帖，领取补贴。衡量书院成败得失也多以登科人数多少为准。书院讲学的主动性大为降低，学风日渐腐败。统治者自己只好承认，书院山长"遂致徇情延请，有名无实"，教学"其日所咿唔者，无过时义帖括"，生徒一味追求"微末之膏火，甚至有头垂垂白而不肯去者"，"各省书院，日就废弛，均系有名无实"。

清代书院的普及

清初统治者虽也采取尊孔孟、倡理学、设学校的崇儒重教政策，但在对待书院的问题上，却因明代书院具有自由讲学、讽议朝政的历史教训，所以采取严厉的抑制政策。顺治九年（1652年），清朝廷下达明文规定："不许别创书院，群聚徒党，及号召地方游食无行之徒，空谈废业。"（《图书集成·选举典·学校部》）可以说，这一基本政策限制了书院的发展，在清初的数十年之间，除少数一些标榜理学道统的书院得以恢复外，大多数书院都处于沉寂、荒废、默默无闻的状态。

但是，这种状况并没有维持很久。作为一种独具特色的教育组织，书院有着深厚的社会基础和文化基础。不仅是那些民间的乡绅士大夫热心创办，就是那些士人出身的各级官吏也推崇备至。到了康熙（1662—1722年）、雍正（1723—1735年）以后，书院又逐步恢复起来，其中既包括民间私人创建的，也包括许多地方官的崇教之举。在这种背景之下，清政府的书院政策才稍有松动。康熙帝虽无兴建书院的明令，但是他提倡程朱理学，并赐颁御书"学达性天"匾额给白鹿洞书院、岳麓书院，赐颁"学道还淳"匾额给苏州紫阳书院，这些地方都是朱熹曾经讲学的地方。康熙的举动客观上起到了推动书院发展的作用。

雍正帝看到书院蓬勃发展的势头，限制禁抑已是不可能，于是改变原来的消极防范政策，采取更加积极主动的态度，极力支持兴办书院的活动。他在雍正十一年（1733年）的上谕中提出：

近见各省大吏渐知崇尚实政，不事沽名邀誉之为，而读书应举者，亦颇能屏去浮嚣奔竞之习，则建立书院，择一省文行兼优之士，读书其中，使之朝夕讲诵，整躬励行，有所成就，俾远近士子观感奋发，亦兴贤育才之一道也。（《清朝文献通考》卷七〇）

清政府的看法发生了重要的转变，即由原来认为创建书院是"沽名邀誉"变为"兴贤育才"。所以，雍正正式命令各地在各省省城创建书院，并赐帑银1000两资助。上谕下达后，各省省城一些大书院纷纷兴建而成，如直隶有莲池书院，江苏有钟山、紫阳书院，浙江有敷文书院，江西有豫章书院，湖南有岳麓、城南书院，湖北有江汉书院，福建有鳌峰书院，山东有泺源书院，山西有晋阳书院，河南有大梁书院，陕西有关中书院等等，它们均得帑银1000两，以租息作为书院师生的膏火费。除此之外，地方政府还给这些省城书院补拨其他不足的经费。雍正的上谕肯定了书院对社会的作用，并在经济上提供了一定的资助，对清代书院的发达起到了良好的推动作用。

乾隆帝不仅在经济上资助书院建设，还特别重视书院师长的任命、奖励、提升和书院学生的录取和考核。在乾隆元年（1736

岳麓书院

年）的上谕中，明确规定了对书院院长的要求："凡书院之长，必选经明行修足为多士模范者，以礼聘请。"院长三年任满即考核一次，如果是教术可观、人才兴起，则加以奖励。六年之后成就突出的，奏请酌量议叙，加以奖励或提升。在选择生徒时亦提出要求："负笈生徒，必择乡里秀异、沉潜学问者肄业其中。"并命地方政府有关部门对书院生徒严加考核、检验，"有不率教者，则摈斥勿留"；而对品学兼优之士，则加以表彰鼓励，允许直接向上荐举。乾隆此谕的根本意图是为了按统治者的意图改造书院教育，但是在一定程度上也促进了书院的发展。

同光中兴：书院最后的华章

在内忧外患中，清朝历史翻到了同治这一页。同光中兴是清王朝统治的最后一抹夕阳，中国书院也在此时翻开了它自诞生以来最辉煌的一页。

同光时期，书院的辉煌主要由以下方面体现：

一是平均年建书院多。同治朝的13年间新建和修复书院380所，平均每年达29所之多，在清朝名列第一，这是其他任何朝代都难以与之相比的。光绪朝只计算到1901年学制改革前的27年间，新建和修复书院681所，平均年建书院25所，在清朝名列第二。不难想象，平均每年建书院超过25所，其势如雨后春笋，是何等蓬蓬勃勃、欣欣向荣的景象！

二是在近代化潮流中，书院与时俱进，开始与近代教育接轨。同治年间，大乱初平，痛定思痛，一批有识之士意识到了利用西方先进科学技术谋求自强的必要性和紧迫性。在这样的历史背景之下，有了曾国藩、李鸿章、左宗棠、张之洞等人兴办近代企业、近代教育之举，也就是我们所说的洋务运动。在洋务运动浪潮的激荡下，一些书院逐渐走上了经世致用的改革之路。从湖南校经书院的蜕变中即可见改革历程之一斑。校经书院初建时（1831年建，当时名校经堂），教学内容中同时推崇汉儒许慎、郑玄和宋儒的朱熹、张枝；光绪五年（1879年），书院迁址、改制，设山长，其首任山长成孺开始迈出改革的重要一步，在《校经堂学议》中提出学生应"遍读经世之书，以研究乎农桑、钱币、仓储、漕运、盐课、榷酤、水利、屯垦、兵法、马政之属，以征诸实用"，明确了书院通经致用的教与学原则。光绪十六年（1890年），校经堂正式改名为校经书院，进一步要求学生探究"古今天下治乱、中国强弱之故"，以所学知识治世救国。在甲午战争失败后，书院随即向现代化接近，书院建藏书楼收藏中西书籍以供学生研习，设置经学、史学、算学、掌故、舆地、词章六类课程，并添置了天文、地理测量仪器及光化电矿的实验器材，甚至创办《湘学报》以专门发表书院师生的研究成果。至此，校经书院向近代教育的转变基本完成。

同治后新建的许多书院都多少能够因应时势，在课程设置方面有所变革，或者突出通经致用，或者强调格致之学。如同治八年（1869年）张之洞创办经心书院强调以经义、治事为教学内容；到光绪十六年（1890年）创办两湖书院时，已将教学内容扩展为经学、史学、地理、数学、博物、化学及兵操，希望中西结合（实际上是中体西用），相得益彰，培养出既忠于朝廷又懂得西方先进科学技术的人才；建成于光绪二十三年（1897年）的崇实书院甚至在书院专门设立制造区，让学生实习实践机械制造。在当时所建的教会书院里更是以教授近代西方的科学文化知识为主，如由英国传教士傅兰雅和中国绅人徐寿于光绪元年（1875年）合建的格致书院，其教学内容将传统经史基本上摒弃，而以自然科学为主。书院所设的六个专业分别是矿务、电务、测绘、工程、汽机、制造，清一色的科技教育。书院还设立科学博物馆，刊印《格致汇编》，普及科学知识。再如，美国传教士林乐知建于光绪七年（1881年）的中西书院，主要设置英文、代数、化学、微分、积分、天文测量等西学课程。书院还聘用女教师，招收女学生。

当然，概括而言，走向近代的书院毕竟是为数不多的，而且就这些屈指可数的书院还因科举取士的存在而受到冲击。即使如此，同光时期书院的近代化历程仍然是一种伟大的转变，它所倡导的方向必将带来中国教育的深刻变革。

书院的废改

书院在历史舞台上的表演正处于高潮时，却突然间猛一转身，将舞台留给了教育的近代化，书院成为漫漫历史长河中的一个符号。早在1898年的戊戌变法时，光绪皇帝即发布上谕，将各地书院改为学堂。不过这个谕旨很快就作废了：一方面，各地办学堂的条件都还不成熟，连聘请合格教师都是十分不易的，如变法先锋梁启超所言："然今日欲多立学堂亦无教习之才，中国士大夫能兼通中西深明教旨能有几人乎？然则请寻常学究以为教习，虽有学堂极多，能有益乎？"另一方面，主持变法的光绪皇帝虽早已成人并亲政，但手里并无实权，他的谕旨是否有效还要看握有实权的慈禧太后是否容忍他"自作主张"，是否容忍自己的权力和地位受到挑战。结果是光绪二十四年（1898年）以守旧派为代表的慈禧发动戊戌政变，囚禁光绪，废除刚实行百余日的新政，停罢学堂。各省书院照旧办理。变法夭折，已谢幕的书院又被权力之手拉到了舞台中央。

但是，历史向前发展的潮流是无可阻挡的。光绪二十四年（1900年），在八国联军的打击下，慈禧也感到了变法的必要。1901年初，清政府宣布准备实行新政，很快张之洞、刘坤一两位总督就联名上疏，提出将书院改为学校；同年9月14日，朝廷根据张、刘上疏，颁发谕旨"著各省所有书院，于省城即改设大学堂，各府及直隶州均改设中学堂，各州县均改设小学堂，并

渌江书院

多设蒙养学堂"。从书院照旧办理到全面改制，短短三年间，立也慈禧，废也慈禧，慈禧就是这一幕闹剧的幕后实际操纵者。然而，这次改制基本终结了千余年的书院历史。书院改学堂标志着中国近代教育在政策层面上实现了向近代的转型，正如《清史稿·选举志》所言，辛丑以后，中国学校教育进入"系统教育时期"。

纵观这一时期的书院发展史，我们不免疑惑：为什么书院正办得如火如荼之时，突然间却说改就改，戛然而止了呢？究其根本，书院改制既是时代发展的必然，更是书院内部沉疴难治的不得已之举。

清代既是中国历史上书院分布最为广泛的时期，又是书院积弊日深，以致最终被废改的时期。

如前所述，清代书院官学化的现象是极为严重的，这种严重的官学化势必造成书院的种种弊端。这一时期的书院弊端主要由以下两个方面体现出来：

第一，书院山长多不称职。这一时期，虽然有不少具有真才实学的文人学者曾在书院充任主持人或从事讲学活动，但同清代260多年漫长岁月中所曾任职于书院的大量山长相比，他们毕竟只占很小的比例。大多数的书院山长，不过是"以疲癃充数"（《清朝文献通考》卷一百）而已。清朝政府虽曾明文规定，延聘书院主持人须经地方官慎重选择，但事实上，一些地方官正是利用了这一点，随意滥用私人，而不问其学问和品行。还在乾隆年间，便已出现书院院长"多系上官同僚互相推荐，遂致徇情延请，有名无实"（《钦定大清会典事例》卷三九五）的现象。嘉、道以后，这种情况更为明显，许多书院都被地方官"攘为己有"，各请院长主事。他们所聘请的院长，或为朝中官员所推荐，或为上级官吏所授意，或为自己的亲朋好友，或为通过自己的亲朋好友来向自己谋求职位的人。至于其人是否真正具备为师的条件，则根本不在考虑之内。在这种背景之下，清代的大多数书院讲席，自然会被许多不学无术者所占据，甚至还出现了不少只知向书院索取束修等报酬，却从来不到书院露面，被人称为"食干俸"的挂名"院长"。

第二，大多数书院生徒专究制艺，除此之外，无所事事。清朝政府曾明文规定，书院课试以八股为主，由此导致清代的大多数书院均以八股文为主要教学内容，成为科举考试的预备场所。这就必然导致大多数书院生徒以功名利禄为惟一追求，只知推敲八股格式，将精力完全消耗于无用之学。同时，由于清朝政府为了加强对书院的控制，比较重视向书院提供经费，因此，不少书院生徒往往是为谋取膏火银以糊口而来。他们一味热衷于比较所得膏火银与加奖银的多少，竞争课试名次、等级的先后，并为此而互相攻讦，有人甚至不惜徇私舞弊，书院士风由此而日益败坏。除此之外，由于贪恋膏火，书院中还出现了一些年过六旬、头白齿豁、两眼昏花的老年生徒。

上述书院的弊端，随着时间的推移愈加明显。到了光绪年间，书院的内部状况更加腐败。潘衍桐在光绪十年（1884年）所上《奏请开艺学科折》中，曾尖锐指出：当时的书院，"有名无实者十居八九"。可见，这时的书院积弊已到了无可挽回的地步。这样，书院改制的问题，也就自然成为难以避免的了。

导致清末书院改制的原因，除了书院弊端积重难返以外，还有更为深刻的社会原因。自鸦片战争后，中国不断遭受外国列强的侵略，民族危机日益严重，社会危机日益加深。有识之士认识到：为了抵抗外侮，富国强兵，就必须向西方学习，并培养出通晓西学的新型人才。但当时书院的教学内容，无论是制艺，还是理学、汉学等，都属于旧学的范畴，根本无法与这一社会要求相适应。而这种不适应，归根结底是书院作为原有封建社会上层建筑的组成部分，与鸦片战争后中国社会的经济基础已逐渐发生变化不相适应的反映。这一点，决定了书院改制的必不可免。

清末书院尽管在数量上空前庞大，也有个别书院厉行改革，开始与近代化接轨。但上述种种弊端也明明白白告诉我们：书院改制已是势在必行，否则，书院作为一种重要的教育机构不惟不能促进社会进步，反而会成为中国走向近代化的障碍。1901年的诏令改制无可厚非，只是这一刀切下去也将书院的独立自由之精神给切掉了。

清代书院的发展特点

纵观书院在清代的发展过程中，清代书院的发展有许多新的特点，主要表现在以下方面：

1. 数量空前，分布地域甚广

曹松叶在《宋元明清书院概况》中统计，清代书院共有1800余所，近人统计，清代书院3000余所（一说5000余所）。不仅内地沿海各省区广建书

紫云书院的宣圣堂

院,许多边远省份和少数民族聚居之地也有不少书院,如:吉林、黑龙江、青海、新疆、宁夏都有书院。特别是台湾地区,清代创立的书院有60余所。

2. 官办书院占绝大多数

除各级官府以公银建立外,也有各级官员出私产创建书院的。据曹松叶统计:清代书院1800所,地方官府创办1088所,占60.44%;督抚创办186所,占10.33%;中央京师创办6所,占0.33%;敕奏创办(朝廷特批)101所,占5.61%,合计官办1381所,占76.71%。民办只有182所,占10.11%。

3. 商人出资创办的书院增多

随着商品经济的发展,商人的社会地位进一步提高。但中国长期"重儒轻商"的传统观念根深蒂固,不少商人在取得经济地位后,也想在文化上进而在政治上谋取一定的地位。在这种条件之下，希望子弟染被儒风，获得科第功名，积极捐资赞助书院或支持官府专为商籍子弟开办书院；如：杭州就有徽商与盐运官员共同创办的崇文、紫阳两大书院。又如：安徽旌德县洋川镇谭子文早年曾弃学从商，乾隆五十八年（1793年）起筹建书院，倾其全部家财，用银两万余两，花费三四年时间建成规模宏大的毓文书院。又如：盐商马回瑄独立出资，在甘泉书院旧址重建书院，称梅花书院。广州盐商王贵购旧宅一所，占地八亩余，建越华书院，"以备众商子弟藏修息游之地"。除此之外，典当业、茶业、棉业、丝绸业的商人也有捐资建书院或为书院提供经费资助者。清代末年更有外国士商捐资建书院者，如：同治十三年（1874年）在上海创办的格致书院，就是由外国在沪轮船公司捐资建成的；光绪年间（1875—1908年），上海电报局总经理经元善出资创办过经正书院。所有的这些都象征着新教育形态的发展。

4. 走向国际化

这里的国际化侧重于指书院这种文化组织走出国门，漂洋过海，在世界的许多地方都留有印记。书院走出国门开始于明朝，不过，那时的距离是极其有限的，仅到明朝的藩属地朝鲜。到清朝时，书院在国外走得更远了，东洋、南洋、西洋都可觅踪迹。

书院首先向东越过大海到达日本。日本书院始建于江户时代，大概是在1640年前后有人将私塾改称书院，兼教学、刻书、藏书等功能于一体的书院正式诞生。日本书院创建达到顶峰是在明治时期。日本在试图脱亚入欧前，所认同的民族源头、文化源头是中国，认为中日同文同种，所以，日本书院也师法中国，以讲汉学为主，推崇阳明心学、朱子理学，同时也加入一些日本本土知识。如建于1699年的鹤山书院，与中国书院就很相似。书院祭祀孔子，有学田保证书院运行，注重藏书，制定有各种学规规范教学秩序；书院还悬挂《白鹿洞书院揭示》于讲堂；教学内容主要是四书及《诗经》《书经》《易经》《小学》《古文》等，另外还要求选读一些史书，这些史书既有中国的史学名著，如《左传》《史记》《汉书》《战国策》《十八史略史》等，也有日本的史书，如《日本外交史》《日本政记》《大日本史纲鉴》等。

甲午中日战争后，日本出现了一种专门招收东渡日本求学的中国留学生的书院。甲午战争惨败后，中华民族觉醒，不少有识之士东渡扶桑，向原来的"学生"学习强国之术，这样一来，留日学生剧增。在这种条件下，专门针对留日中国学生的书院也就应时而生了。这类书院是带有一定预备性质的学校，它为留日学生解决了语言问题和其他学科的学习适应问题。建于1902年的东京同文书院就是其中的代表。该书院办学宗旨是"授以各专门学校预备之课程"，其主要课程可分为两类：一类是重在解决语言障碍的课程，如《日本语读法》《日本语会话》《日本文法》《翻译》《英语》等；另一类是留学生在国内学校学习中比较薄弱甚至根本欠缺的科学基础课，如物理、化学、地理等。

南洋的书院以华侨书院为主。历史上，国人经商或政治原因不得不辗转迁徙，流落他乡，其最集中之地即是地缘上比较接近的东南亚一带。流居海外的华侨为了让出身异域的子女不致在侨居地文化的浸染下数典忘祖，同时也出于对子女生计发展方面的考虑，一些富裕侨商仿国内书院发起创办教育机构，将在国内所熟知的文化传承机构——书院移植到了侨居地。1729年，创办于荷印巴达维亚养济院内的明诚书院是最早的一所，书院经费由当地华侨公馆负担。十分遗憾的是，后来由于种种原因，书院被迫关闭。

在侨民集中的马来西亚、印度尼西亚、新加坡等地也都纷纷办起了华侨书院。其中，以闽籍侨商陈金声父子创办于新加坡的萃英书院最为有名。陈金声经商有道，获得成功，转而创办义学，延师教导侨民子弟。1854年他捐巨资建成萃英书院。书院的经费主要由陈金声及受其影响的富商捐助；书院的教育与国内书院完全一样，祭祀与教学并重。萃英书院祭祀文昌帝君和紫阳夫子朱熹，课程主要有《孝经》、四书、五经、珠算、格致之学等。百善孝为先，书院重视传统美德教育，要求学生入书院必须先学习《孝经》；四书与五经是传统书院的必修课程，在异国他乡以传统文化教育子女显得尤为重要；珠算和格致之学则彰显了华侨书院的特色。

书院走向西洋则主要归功于传教士和侨民。意大利那不勒斯的文华书院就是一所传教士在西洋创办的书院。该书院由意大利传教士马国贤（汉名）创建于雍正年间，主要招收中国留学生和有志于到东方传教的西方人、土耳其人，主要培养神职人员，尤其是中国籍神职人员。文华书院从根本性质上来说是一所教会书院，不过，它在中西文化交流史上的地位是不容忽视的，据统计，同治前前往欧洲的113名留学生中，有91人进入了文华书院学习。

美国的旧金山和加拿大的维多利亚、温哥华等地是华侨比较集中的地方。当地华侨自发开办了蒙馆、学塾、义塾、书院等来教育子弟。其中的大清书院影响较大。大清书院于1884年由中华会馆创办于旧金山，初名叫中西学堂，后更名为"大清书院"。以示心怀故土、不忘根本之义。书院一般聘请在国内有功名的士人任教，教学内容主要是四书、五经等儒家经典，有时也会练习科举时文，这与国内大多数书院的所习内容是完全一样的。不过，大清书院学生的学习时间有限，他们还要在公立隔离学校（后称远东学校）学习西学，因此只能在隔离学校无课的周末才能入书院学国学。即使如此，大清书院仍希望通过传授国学在华侨子弟心中播种中国人的文化根脉，认祖归宗。据此，我们不难发现，传教士和侨民所创书院在办学目的、教学内容等方面都有本质的区别。

5. 城市化

在中国古代教育的体系里，一直是官学在市井，书院在乡野。众多名书院都建于山间清幽秀丽之地，其中不少毗邻道观寺院，有些书院甚至就是从寺院改造或分离出来的，如岳麓书院。寺院道观一般都建在山林深处，以便远离尘世，无干无扰，耳根清静。其实，远离尘嚣的书院也想要追求佛道的这种环境。青山绿水，云雾缭绕，树影婆娑，书声琅琅，无名利之累心，无市井之喧闹，清幽淡雅，这正是古代读书人心中向往的读书场所，这也正是书院师生修身养性、潜心向学、精研学术的理想之地。幽人卧谷，遍览风月，乡野是书院自由与独立精神的栖息地。雍正十一年（1733年），诏建省级书院，并给予一定程度的经费支持，很快建立了23所省级书院。省级书院大多建于省会城市，以便官府管理。23所省级书院作为当地的最高学府，代表了当时社会形势下书院建设的方向，书院基本结束了在山间自由生存的历史，从乡村走向城市，融入了官方教育系统。走向城市的书院有了官府作为坚强后盾，但同时也变得随波逐流，慢慢失去最为可贵的独立与自由精神。

6. 近代化

清代晚期，书院最为显著、最值得一提的特点是迈向近代化。一方面，书院孕育了一批近代人才，如曾国藩、张之洞、刘坤一、左宗棠、郭尚涛等人，他们是中国走向近代化的先锋；另一方面，部分书院也在近代化的大潮下顺势而为，逐渐走上变革之路。到1901年诏令书院改制时，书院摇身变为学堂，迈入了近代化的大门。

　　1901年清廷的一纸诏令，从官方的角度终结了书院，但这并不意味着书院从此销声匿迹。经学大师王闿运所经营的船山书院就一直坚持到1915年才改为存古堂；岳麓书院几经周折后至今绵延不绝；20世纪50年代钱穆先生在香港建新亚书院，80年代北京大学的一群学者也曾筹建中国文化书院……这些无不向我们昭示：书院并未真正离开过我们，在许多文化精英的心目中，书院仍然是一块文化圣地。

第二章

书院管理制度

作为教育场所,书院教育虽然也兼顾"举业",但究其根本,其主要目的是道德教化和知识传授。因此,书院谨遵儒家的道德理想来设计人才培养模式,践行以"道"为核心的人文精神。为将道德教育渗透到教育教学活动的方方面面,书院将其制度化为章程、学规等形式,使书院重视道德教育的人文精神充分显现出来。比如,朱熹在白鹿洞书院制定的《白鹿书院揭示》中,就要求生徒必须严格遵守儒家的道德规范。

第一节
书院组织与管理系统

书院文化既是精神文化的体现，同时又是制度文化的体现。书院在建筑、环境等物质文化层面的东西，均是上述制度、精神的物质承担者。比如，书院的讲学、藏书、祭祀的制度，都是以讲堂、斋舍、书楼、图书、祠庙等建筑为依托的。

书院组织与管理系统

书院是中国传统私学长期发展的结果，是一种高级形态的私学。

先秦、汉唐的私学一般比较简单，导师一般居家教学，讲学的形式也比较随意，很少有从事管理工作的专门职事和设立专门的管理机构。书院出现后，便成为一种比较正规的教育机构。一开始，书院的组织也很简单，只是由主持人（山长或院长、洞主）负责书院的教学和管理工作。随着书院的不断发展、完善，其组织化程度和管理水平也越来越高，因而逐步增加了许多专门的管理机构及其相应的职事。

书院的管理机构没有一种统一的模式，在不同的时期，各个书院的管理机构也不尽相同。这里，我们从一般状况出发，将管理书院的主要职事简述如下。

关中书院牌坊

1. 山长

山长或称院长、洞主、教授，是书院教学、行政管理的总主持人。因书院最初都创建于山林之中，主持讲学者大多为隐居山中的长老，因此人们称之为"山长"。《荆湘近事》指出："五代蒋维东隐居衡岳，受业者号为'山长'。"山长正式成为管理书院的学职是在宋代以后，并且一直沿用下来。清乾隆时期统治者曾规定一律改称为"院长"，但人们在习惯上仍称山长。书院山长一般采取聘请的方式，由于书院的官学化，也有很大一部分书院山长是由朝廷直接任命的。

由于山长直接决定书院的声望、人才培养，因而要求聘请那些学识渊博、品行端正并德高望重的学者。清康熙《白鹿洞志》的"职事"条中规定，书院洞主（即山长）应"聘海内名儒，崇正学，黜异端，道高德厚、明体达用者主之"。

2. 堂长

历代书院设"堂长"者也很多，但他们的具体职责差别是很大的。有的堂长是书院主持人，是山长的别称。有的书院是在山长之下另设堂长，协助山长处理管理和教学工作方面的事宜。还有的书院堂长是从生徒中选任的，主要负责督课考勤、课堂记录、搜集诸生中的疑难问题。由此不难看出，堂长的职事，得依具体时代、具体书院而定。

3. 学长

和堂长职务一样，学长所承担的职责在各书院中也是不同的。一是相当于某门学科的教职，如白鹿洞书院的治事斋设学长七人，分别主教礼、乐、射、御、书、数、律历七科。宋叶梦得《槐堂书院记》称："乃延门人李子愿为学长，以主教事。"（清光绪版《江西通志》卷八一）清光绪年间，陕西泾县崇实书院分设致道、学古、求仁、兴艺四斋，每斋设学长一人分教。二是主管书院教务、行政的负责人。清道光间阮元倡建学海堂于广州，不设山长，设八名学长共同主持和管理书院。广州菊坡精舍亦设六名学长共同管理书院。三是指书院生徒首领，主要职责是管理学生的学业和行为举止等。

4. 会长

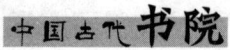

明、清书院多有考课制度，各书院从诸生中选出学业有成、成绩优异者充任会长，负责协助山长对考课试卷进行评阅。如，清代瀛山书院课试之后，先呈会长批阅，然后再与同会互正。

5. 斋长

由山长在诸生优异者中选出，协助山长从事书院的教学、行政、日常生活等诸方面的管理工作。光绪版《浏东狮山书院志》卷三载："院中斋长二人，由院长择老成为之，遇有独规之事，斋长劝令速改。"清刘光蕡《烟霞草堂文集》卷七载，斋长"倡率诸生学习，管理借还书籍"。除此之外，有的书院将斋长分为协理斋长、值季斋长、经营斋长等具体职事。

6. 讲书

原为学官名，后书院沿用，主要负责书院经书讲解方面的事宜。如南宋岳麓书院曾聘欧阳新为讲书，讲解《礼记》。

7. 经长

由山长从生徒中选精熟经籍者担任，负责为生徒解析有疑问的地方。清毛德琦《白鹿洞书院志》卷十一称："经长者，重经学者也"，"凡学徒有疑义，先求开示于经、学长，不能决，再叩堂长。"

8. 监院

这是一种地位仅次于山长的书院职事，主要任务是负责书院的行政、财务以及稽察学生品行等工作。监院一般由官府委派或学官兼任，也有的由地方士绅推举。监院的普遍实行，是为了满足政府出于对书院管理、控制的需要。

9. 首士

一种管理书院院务的职事，具体包括启馆（开学）、放馆（放学）、迎送山长、生徒管理、经费收支、房舍修缮等事务。首士一般由地方士绅推举那些"廉正之士"充任，或采取值年轮流负责的方式。

10. 掌祠

书院内掌管祭祀活动的职事，负责祭祀的香火、祭器、供品的准备和管理。这是因书院普遍具有祭祀活动而专门设立的职事。

11. 掌书

书院内管理图书的职事，负责书院图书的保管和借阅。通常选拔那些老成可靠的生徒担任，或是由斋长兼任。

12. 书办

掌管书院各种卷宗、档案的职事，包括填报经费报销清册、学生名册等事务。

以上所列只是书院职责中的一部分。随着书院的发展和机构功能越来越完善，书院的职事也相应增多，分工也更为明确。除了以上所列者外，还有协助山长讲学的讲习、副讲、教习，主持书院讲会的负责人有主盟或盟主，负责书院总务管理的管干、董事、司事，负责保管、借阅图书的管书、司书，负责书院杂役的看守、采樵、门斗、斋夫、堂夫、更夫等。

知识链接

乐吾韩先生（贞）遗事

有一野老问先生曰："先生日讲良心，不知良心是何物？"先生曰："吾欲向汝晰言，恐终难晓，汝试解汝衣，可乎？"于是野者先脱袄袍，再脱至裤，不觉自惭，曰："予愧不能脱也。"先生曰："即此就是良心。"

书院组织与管理系统的特点

书院内部从事管理方面的职事很多，那么，这些职事之间的行政隶属关系是怎样的呢？我们不妨一起来看一下清同治年间岳麓书院的组织系统图，从中我们可以非常明确地看到岳麓书院在当时的内部组织情况：

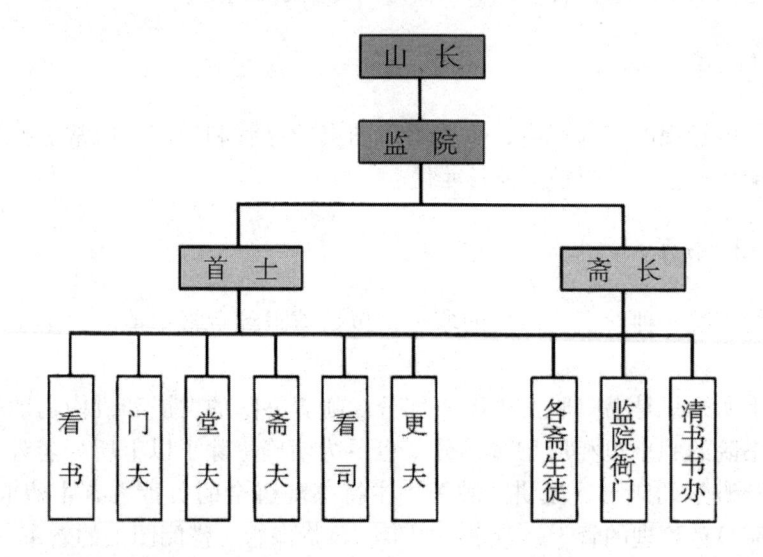

```
                    山 长
                     │
                    监 院
                     │
          ┌──────────┴──────────┐
        首 士                   斋 长
          │                      │
  ┌──┬──┬──┬──┬──┐        ┌──┬──┬──┐
  看 门 堂 斋 看 更        各 监 清
  书 夫 夫 夫 司 夫        斋 院 书
                          生 衙 办
                          徒 门
```

岳麓书院的组织系统主要包括两大部分：一是教学组织系统；二是总务组织系统。这两大系统由山长、监院总负责。光绪末年，岳麓书院改革课程，设经学、史学、掌故学、译学、算学等科，每科聘学长一人掌教。

古代书院的职事和组织管理系统有以下几个特点表现得尤其明显：

第一，组织机构简单，管理人员较为单一，这就可以避免人浮于事的冗滥现象。

第二，学生直接参加书院管理，书院中许多职事如斋长、堂长、经长、学长、掌书等都由学生担任，这样就可提高学生的管理能力和减少不必要的管理人员。

第三，对许多职事明确规定，凡不称职者马上予以替换，或者是按季、按年更替，对书院管理水平的提高是十分有利的。

第二节
书院的教学制度

作为一种教育机构,书院的主要目标是教学。书院在教学方面既继承了传统私学的许多优点,又体现出自己作为制度化私学的特点。

书院的教学管理制度主要由以下几方面体现出来:

分科制度

中国古代最早采取分科的教学制度始于北宋著名教育家胡瑗。胡瑗于苏州、湖州担任府学教授时,倡导分科教学法,将学校分为"经义""治事"两斋。"经义"斋学习儒家六经,对文献方面的教学尤为注重;"治事"斋学习致用之学,注重实践方面的教学。这就是中国教育史上著名的"苏湖教法"。胡瑗的分科教学制度对后世的影响是颇为深远的,自然也影响了书院。

不少书院仿"苏湖教法",实行分斋的教学制度。比较著名的要数清代学者颜元主持的河北肥乡的漳南书院。颜元在书院设文事、武备、经史、艺能、理学、帖括六斋,然后分斋教学。文事斋主要学习礼、乐、书、数、天文、地理等;武备斋学习兵法、攻守、营阵、陆水战法等;经史斋学习儒家十三经、历史、诰制、章奏、诗文等;艺能斋学习水学、火学、工学、象学等内容;理学斋学习程朱、陆王的理学;帖括斋学习作八股文。每斋专设斋长,管理本斋的教学。后因洪水泛滥成灾,漳南书院的教学只维持了短短数月就关闭了,但在教育史上有着很重要的地位。

清代书院比较普遍地采用了分斋教学制。如白鹿洞书院在清代设"经义斋"和"治事斋"。经义斋主要学习五经，每经各设一经长。治事斋包括礼、乐、射、御、书、数、律历共七方面的科目，每科目设一学长。另如湖南巡抚吴荣光于清道光十年（1831年）在岳麓书院内另创办湘水校经堂，也学习"苏湖教法"，设经义、治事、辞章三科，这是一种分科的教学、课试制度。湘水校经堂发展为独立的校经书院是在清朝光绪年间。在西学的影响下，校经书院设立了经学、史学、掌故、舆地、算学、辞章六门科目，增加了自然科学等内容。从这可以看出，书院的分科制度在清末已有很大的发展和演变，并明显受西方近代教育影响，这种新型的分科制在晚清时期一度十分盛行。

课程制度

无论是先秦的私学，还是汉代的精舍，教师传道、授业、解惑时，都没有制订出专门的课程。但是，书院不仅注意制订课程计划，而且日益完备，体现了书院教学的制度化特点。

以教学形式分类，书院的课程主要有读书课程、讲学课程；以时间分类，书院课程又有分年课程、分月课程、每日课程。

书院教学注重自学，为指导生徒自学读书，因此须订读书课程。朱熹在主持书院教学时，为生徒安排了阅读儒家经典的课程，要求先读《大学》，次读《论语》，再读《孟子》和《中庸》，读完此"四书"后再读"五经"。真正对书院读书安排影响最为深远的，是理学家程端礼制订的《程氏家塾读书分年日程》：

8岁前：《性理学训》《童子须知》。

8岁至15岁（小学）：依次读《小学》《大学》《论语》《孟子》《中庸》《易》《书》《诗》《仪礼》《礼记》《周礼》《春秋》等儒家经典的正文。

15岁至20岁：依次读《大学章句》及《或问》《论语集注》《孟子集注》《中庸章句》及《或问》《论语或问》《孟子或问》，然后再抄读本经，并按顺序兼读《通鉴》《韩文》《楚辞》等课程。

20岁至23岁：学作科举文章。

程端礼的读书课程计划比较系统，在极短的时间内就被大多数书院所采用。乾隆帝还明确规定全国各地书院均"仿分年读书之法予之课程，使贯通乎经史"(《清会典事例》卷三九五)。

此外,许多大儒主持书院,都制订自己认为合适的读书课程。如清初讲学东林书院的陆世仪也制订了一份读书课程,把学生读书分为三个时期:第一,诵读时期(5岁至15岁):"四书""五经"《太极》《通书》及古文、古诗等。

第二,讲贯时期(15岁至25岁):"四书""五经"《性理》《纲目》及本朝典礼、律令和地理、水利、兵法等各类书籍。

第三,涉猎时期(25岁至30岁),其范围更加广泛,以上列举除外,还有二十一史、诸家经济、天文、地理及古文、古诗等书。

另还有书院制订分月课程。梁启超在湖南主持时务学堂的教学期间,订立了一个《读书分月课程》,上面规定每月所读书目又分为精读和泛读两种。如一月精读的书有《礼记·学记》《少仪》《管子·弟子职》《孟子》《春秋公羊传》;泛读的书有《宋元学案》中部分学案,《史记·儒林列传》《汉书·艺文志》等。

许多书院还特别制订了更为详细的每天课程。明学者王守仁教学时,把每天的课程定为五节:一、考德;二、背书、诵书;三、习礼或作课艺;四、复诵书、讲书;五、歌诗。

学规制度

书院制度化的又一显著特征是普遍订立学规。学规可以确定书院的教育目标,尤其包括学生修德、治学及日常生活准则规范。书院学规虽然是受了佛教禅林制度的影响和启发,与寺庙的"清规"有很大关系,但另一方面,它的出现也反映了中国古代私学制度化的发展。

现存书院学规中最早和最著名者,是理学家朱熹制订的《白鹿洞书院学规》(或称《白鹿洞书院揭示》《白鹿洞书院教条》)。南宋淳熙六年(1179年),朱熹主持修复了白鹿洞书院。为了达到他的教育方针和主要目标更好地贯彻的目的,他制订了这一"学规"。这是古代儒家、宋明理学的一份完整的教育纲领,包括"明五伦"的教育宗旨,学问思辨的教学过程和教学方法,道德修身的原则和方法,日常生活的行为准则。在很短的时间内,这一学规广为流传,成为其他书院普遍采用的学规,在中国书院史上影响极

南湖书院讲堂

为深远。

南宋以后，历代书院广泛采用《白鹿洞书院学规》，除此之外，各地书院的主持者还根据当时的社会政治条件、学术宗旨、学生的不同要求，订立了多种不同的学规。

顾宪成于明万历时创东林书院，他除了继续采用《白鹿洞书院学规》外，还对其加以补充和增订，制订了一个内容更加缜密的规约，名为《东林会约》。《东林会约》一开始就列出孔子、颜渊、曾参、子思、孟子为学的要旨，其次列出《白鹿洞规》，最后提出"饬四要、破二惑、崇九益、屏九损"。"四要"指要知本、要立志、要尊经、要审几。"二惑"指反对讲学、认为讲学无用的两点理由。"九益"指讲学的九大好处，包括切磨道义以成圣贤等。"九损"指讲学中常犯的九种毛病，包括"比昵狎玩""谈论琐怪"等。《会约》要求东林书院生徒能够继承宋代理学大师的学术精神，以对王学末流的陋习加以纠正。不仅如此，《东林会约》还对讲会的组织、要求、仪式等各个方面制订了一个详细的规约。明末时期，东林书院的讲学影响十分重大，《东林会约》也成为书院史上的一个重要学规。

学规的出现，标志着书院教育的正规化、制度化进一步加强，它对于培

五峰书院志·内页

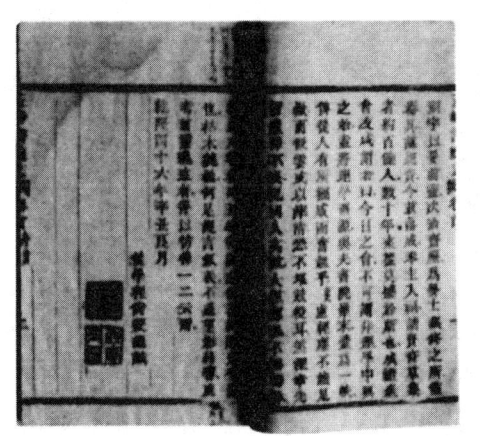

养学生思想品德和学业进步是大有裨益的。令人遗憾的是，随着书院的发展演变，许多书院学规十分严重地束缚着学生的思想言行，所起的作用是十分不利的。

考课制度

书院不仅重视教学，还注重通过考试的手段，考核生徒的学业水平，并采取与之相适应的奖励措施。在这一条件下，考课制度应运而生。

考课制度在宋代书院中就已采用。据《宋史·尹谷传》记载："初，潭士以居学肄业为重。州学生月试积分高等，升湘西岳麓书院生；又积分高等，升岳麓精舍生。潭人号为三学生。"这是书院实行考课制度的代表例子。尽管岳麓书院早在宋代就有了较完备的考课制，但是，在宋、元、明时期，这种考课制度在其他书院其实并不常见。

到了清朝，考课制度在各地书院中普遍推行，并形成了一套制度。

清代书院考试分官课、师课两大类。所谓官课又称为"大课"，通常情况下由地方官员主持、出题课试，考试的内容一般为八股时文、诗赋、古文、解经、策论等。根据考试成绩划分等级，如将生员分为超等、特等、一等；将童生分为优取、上取、次取。然后出榜公布，根据所取得的成绩给予一定奖励。师课又称斋课、馆课，由书院山长主持、出题考试，考试的内容、划分等级的方法和官课大体相同。书院每月举行课试两次，称"月课"，官课一次,师课一次,具体时间各书院不一样。除此之外,还有季课,广州学海堂规定每年四课,由学长出题评卷,然后评定甲乙,根据评定结果发给奖学金。

课试是书院教学十分重要的一个方面,并决定生徒在书院的等级(正课生、副课生)和膏火费(奖学金)的多少。为了防止生徒课试作弊,书院对课试的纪律是相当严格的。如清代《奎文书院课士条规》规定:

生与童分两处作课,不许彼此混坐,亦不许互相往来,违者削除。在院作课,不许私行出外,违者削除。作课不许托人代倩,亦不许自外传递,违者与代作者一并除名。作课宜自出心裁,不许抄录成文,至蹈雷同,违者除名。生童自己领卷作课,不许另外捏名领卷,如有领重卷者除名。(清咸丰版《定州志》卷一)

上海格致书院课艺

由上我们可以看出,书院对考课制度的重视。这些严厉条规的根本目的是防止考课时出现的舞弊现象。

对书院而言,制订一种学业考核制度是必要的,它能够起到检查、督促生徒学业的作用。但是,我们也不能忽视,由于清代书院的考课内容大多数是八股时文,并不能反映生徒的真才实学,往往成为一些学生获取膏火奖赏的手段。因此,在当时就有许多学者批评了这种考课制度,认为这违背了宋、明大儒创办书院的初衷,书院几乎成了争名夺利的场所。这些学者的批评是十分中肯的。

第二节
书院的藏书与刻书制度

藏书与刻书正是书院优于传统私学的独特之处，它们与现代大学的图书馆相似，是书院作为一种完备功能的教育机构的体现。

书院藏书的起源

书院与书的联系是极为密切的。宋代学者王应麟的《玉海》曾经对书院作过解释："院者，垣也。"书院是指用一圈矮墙将建筑物围起来而形成的藏书之所，可以认为就是古代的图书馆。

书院的萌芽可以追溯到汉代，与汉代的"精舍""精庐"有一定的承继关系。不过汉代的"精舍""精庐"，私家讲学皆由口授，限于当时出版技术水平，不具备藏书条件，将它们当作书院的前身未尝不可，但还不是真正意义上的书院。

书院这个名称始于唐代。随着纸张的大量使用和雕版印刷术的发展，书籍越来越多，必须建造较大的藏书处所来安置藏书，从而方便读书人查阅，在这种背景之下就产生了真正意义上的"书院"。书院根据主办者的不同，也随之形成了官办与私办两类。

书院能够具备藏书的功能，是以社会物质条件——雕版印刷术的发明为基础的。古代书院兴于唐，盛于宋，正和雕版印刷术的发展同步。学校教育以传播间接的书本知识为主，由于印刷术发展使书籍的广泛流传成为可能，因此，也促进了教育的发展，尤其是导致书院的产生，使书院能够具备大量藏书的条件，并以藏书为基础，开展读书、教书、撰书及刻书等一系列与书有关的活动。这一点，是书院以前的传统私学所达不到的，而却是书院作为一种高级形态的私学的重要特征。藏书一方面可以促进书院教学的发展，又能促进学术研究的繁荣，是书院发展教育、发展学术的重要物质条件。

书院藏书的发展

宋代，是书院藏书的一个蓬勃发展的时代。北宋初期经过一段时间的休养生息，国力渐趋强盛，士子们有了就学读书的要求。而朝廷忙于武功，一时无暇文教，更缺乏财力兴办足够多的学校满足各地士子的要求。因此，各地名儒、学者和地方官吏，纷纷兴建书院，以化育人才。当时的一批著名书院，如白鹿洞书院、应天府书院、岳麓书院、嵩阳书院等，就是在这种背景下应运而生的。吕祖谦在《白鹿洞书院记》中说："国初斯民，新脱五季锋镝之厄，学者尚寡。海内向平，文风日起，儒生往往依山林，即闲旷以讲授，大率多至数十百人。嵩阳、岳麓、濉阳及是洞为尤者，天下所谓四书院者也。"这时雕版印刷术的推广和以后活字印刷术的发明，更为公私刻书和藏书创造了极其便利的条件。各书院的主持人和地方官吏努力经营书院，聚集藏

岳麓书院藏书楼

书，北宋朝廷也给一些书院颁赐了大量图书。这时期的书院藏书品种相当丰富。比如，四大书院之一的应天府书院，成立时就"建学舍百五十间，聚书千卷"。鹤山书院"堂之后为阁，家故一藏书，又得秘书之付而传录焉，与访寻于公私所板行者，凡得十万卷"，这个藏书量已超过了当时的国家书库。到了北宋后期，统治者为了更直接地掌握人才，十分重视科举，大力振兴学校教育，冷落了书院。在这种条件下，北宋的书院逐渐趋于衰落。

到了南宋，风气又变。首先，北宋后期兴办的官方学校很快变成科举的附庸和政治斗争的工具，日益腐败起来。另外，学校开支全部由官方负担，而这时的官府内有农民起义的忧患，外有辽、金入侵的威胁，其国库亏空财力实在捉襟见肘，办学经费难以为继。再次，这时以朱熹、陆九渊为代表的理学在社会上日益风行，理学家们的讲学活动活跃起来，于是又出现了一个大办书院的高潮。南宋的书院实际上是讲研理学的场所，南宋理学主要靠书院来宣讲传播。当时书院的社会地位很高，影响很大。宋代书院共有600多所，其中北宋约占22%，南宋约占78%。不难看出，书院在南宋时期的发展是十分迅速的。

元代统治者从蒙古南下入主中原后，出于缓和民族矛盾与阶级矛盾、进行文化控制的需要，十分重视文化教育。其表现之一便是大力提倡理学，奖励书院，因而书院在元代的发展也是很大的。但另一方面，元朝官府对书院控制严密，自由讲学风气不浓，书院充满官学气。元代书院藏书的来源主要是书院自行刻书，私人捐赠和书院出资购买，朝廷赐书尚无史料记载。因此，书院藏书事业发展缓慢。

明代初期，书院仍维持着元代的规模。到嘉靖年间，随着科举制度弊端丛生，官学日益腐败，一批士大夫重新提倡自由讲学风气，在这样的历史背景下书院才又兴盛起来。当时著名理学家王守仁、湛若水先后在各地广收门徒，传道授业，兴办书院，将书院办成既是学术研究中心又能进行教学的机构。由于王、湛等人的极力倡导，书院建设进入了鼎盛时期。但统治阶级重视科举制度，只号召天下学子精研儒经，不提倡广泛涉猎、率性读书。受此社会大环境的影响，所以明代书院数量虽然可观，藏书丰富的却并不多见。除此之外，明代书院教育以"会讲"为特点，重清谈，轻读书，藏书事业因此也受到了一定程度的忽视。王、湛的学生继承其志，在各地纷纷建立书院，于是书院越来越多，弥漫了自由讲学的风气。一些著名书院往往最终成为社会舆论的中心，针砭时事，评议政治。这样就遭到了当权者的猜忌，发生了四起禁毁书院的案件，其中以权宦魏忠贤迫害东林党人一案最为严重，天下的读书种子霎时好像都被剿灭尽了。东林案后，明代书院就此一蹶不振。

清朝统治者也一度实行严酷的文化禁锢政策，他们害怕书院的自由讲学之风对其统治根基有所动摇，对书院的活动严加控制。但到了乾隆、嘉庆年间，或许考虑到书院影响久远，禁不如疏，统治者又改变了文化控制的策略，转而大力倡办书院。加之清代的学术重朴学，考据需要广搜异本、比勘众家，对文献的需求量极大，书院藏书又随之兴盛起来。清代的书院藏书事业是以往任何一个朝代都无法与之相比的，主要原因是兴朴学，重经史，更有朝廷赐书和官员赐书，再加上自行刻书的越来越多，书院藏书一时蔚为大观。后来随着封建制度的迅速崩溃，书院制度也慢慢解体。光绪二十七年（1901年），将书院改设为学堂，省城设大学堂，各府和直隶州改设中学堂，各州县改设小学堂并多设蒙养学堂。因此，从唐朝兴起的书院，至此算是基本结束了，所有书院藏书也陆续为各地图书馆所接收。

书院既以拥书讲学为务，则无书即不成书院。所以，历代书院都比较重视藏书，无不以藏书浩繁为荣，只是限于环境和条件，在藏书规模上有大小的差别而已。书院藏书是书院教育不可或缺的重要条件。图书的收集、整理与流通，始终是为书院的讲学活动服务的。综观我国古代书院的发展史，可以看出书院教育事业的兴衰与书院藏书的发展是密切相连的。

书院藏书的来源

建立丰富的书院藏书，需要坚持不懈地搜求和积累，更需要广辟书源。南宋郑樵最早提出了书籍访求的八种方法，对历朝图书寻访工作影响比较深远。总结起来，书院藏书的来源一般有以下几种：

1. 捐赠

这是书院藏书的主要来源。向书院捐赠图书，是历代的传统。尽管捐赠图书的多少不等，捐赠的目的各异，但都为丰富书院藏书做出了十分杰出的贡献。

（1）皇帝赐书。皇帝赐书一直是书院藏书的主要来源之一。书院往往是思想比较自由之地，统治者为了达到控制文人思想的目的，也为了笼络人心，达到维护封建统治的目的，经常赐书给书院。所赐多为代表正统思想的御纂、钦定和官刻的经史类图书。

（2）官吏赠书。地方官吏为了附庸风雅，以正教化，常常捐书给书院。书院有时也出面向官员、地方乡绅募集。

（3）私人赠书。书院的实质是一种私立学校，其设施包括藏书往往靠书院主持者的私谊来获赠。私人赠书因捐赠时间不同，捐书者个人地位、学术水平、兴趣爱好等各异，因而显得丰富多彩。有的学者捐赠个人新著，对书院开展学术交流、提高研究水平有着十分有利的一面。

2. 书院自己购置和刊刻的图书

历朝历代封建统治者，为了维护自身的统治，多鼓励设置书院，并分拨学田以维持。书院经营着产业，以产出支持着自身的文化活动，这就被称之为"以院养院"。有能力自行购置和刻印图书的书院，其藏书一般数量多、质量高、品种全，独具特色。

（1）书院购置的书籍。书院藏书大都直接服务于教学，一般不会购买巫医、卜卦、工技之类的书，也不像藏书家那样刻意追求版本齐全或古稀版本，而是根据自身需要和经济条件，围绕书院教学内容有目的、有选择地购买。"所购各书，大半官局新印，纸质坚韧，可以经久"（《大梁书院购书略例》）。岳麓书院曾苦于"经籍缺少，又遣其徒市之京师而负以归"。有的书院地方僻远，尤其是清代，书院分布极其广泛，一些偏远地区的书院在当地无法购得好书，就派人到江南等地购书。如《碑传集》记载："蕺贵山书院，取诸生文行优者肄业其中，僻远无以得数，遣官之江南，购经史群籍数千卷，俾纵读之。"由此可以看出，书院藏书也注重藏书的复本量，及时补充缺本。

（2）书院刊印的书籍。隋唐发明了刻板印刷术，这一技术被书院充分利用。同时书院又是文人与学者聚集的地方，他们能对自己所刊刻的图书反复校勘，因此出版图书的质量都是比较有保证的。除此之外，书院刻书业的发达与理学的发展息息相关。从宋代开始，各代书院大部分都是研究和讲解理学的场所，加之科举制度的成熟和发展，儒家经典逐渐成为读书人的主要教材。"四书""五经"是通用教材，宋、明理学大师们的著作、讲义、语录、注疏等都成为学人们必备的重要文献,需求量随之增大。加之各代统治者为了加强控制而鼓励书院的设置,有时分拨学田以充资本,书院通过各种经营活动,也获得了一定数目的刻书经费。

(3) 书院抄写的书籍。宋初的书院设有手抄经文的日课。如南唐时的刘式在白鹿洞读书时,曾手抄过《孟子》《管子》等书,但这只是一种拾遗补缺的做法。

书院藏书的特点

我国古代书院的藏书特点,除受出版、学术等因素限制外,还往往取决于不同的收藏目的、兴趣及经济状况。书院藏书是为了有效配合书院的教学内容,为书院师生服务而设置的一种"学校公共图书馆"。在这样的条件下,书院藏书具有很强的共同性,具体表现在藏书内容上以经史等学术著作为主,版本上以通行本为主。

1. 儒家经典是中国传统教育最主要的内容

书院的基本教材是六经,所谓"日月不灭,万古六经,囊括万有,韬运经纶",又把注释、研究六经的一些著作奉为"神圣之书",将"四书"作为首选书目。除了这些儒家基本典籍外,书院藏书也会因各个书院的教学内容、学术流派、地域位置的不同而有所差异。不同的书院,藏书或致力于辞章,或致力于小学,或致力于经济,或偏重于采纳地方著作,总之特色各具。如岳麓书院规定学生"日讲经书三起,日看纲目数页,通晓时务物理,参读古文诗赋"。再如清代四川彭县的九峰书院,教材除"五经"、《四书集注》外,还有《四书讲义》《周易折中》《明史》《论孟疑义》等。在近代西学东渐的影响之下,不少书院都适应社会变革,更新教学内容。清末的洋务派重臣张之洞在湖北武昌建立两湖书院,在"中学为体,西学为用"的思想影响下,设置了经学、史学、地理、数学、博物、化学及兵操等课程,并有与这些科目相适应的藏书。至于近代上海的格致书院,以讲习西方自然科学技术为主,更因有外国人傅兰雅的参与,东西洋译书占其书院藏书的1/3。

正因为书院藏书是书院教学的工具,所以书院一般不会收藏超出教学内容以外的书籍,术数、工技等实用性的书籍,一般都不在收藏范围之内。

2. 书院藏书以通行版本为特点

书院藏书与私人藏书不同，私人藏书的目的是为了保存、鉴赏或考据、校勘，所以特别重视藏书的版本。而书院藏书是为了教学的需要，这就从根本上决定了它追求通行版本的性质，以教学类图书作为收藏与刊刻的重点。同时，书院藏书的来源方式，也在某种程度上限制了书院藏书不可能片面追求版本的价值。

概括而言，书院藏书无论从规模、品种还是版本上都无法与其他类型的藏书方式相提并论，也无法像一些国家藏书、私人藏书那样能够较好地保存下来，而是随着时间的流逝而荡然无存。但是，正如谭卓垣在《清代藏书楼发展史》中所说："书院藏书是值得一记的，因为它们对中国的学术产生过很大的影响。"

嵩阳书院藏书楼

知识链接

书院内部的考试

考试也是书院教学的一个重要构成部分。

明道书院《规程》规定："每月三课，上旬经疑，中旬史疑，下旬举业。文理优者，传斋书德业簿。"这是学业考试，一个月要进行 3 次，而每次考试内容也不一样，通过评选记录在册，并予以保存。

中国古代书院
ZHONG GUO GU DAI SHU YUAN

　　明代书院中的考试往往由提学官、地方政府官员来主持，考试方式主要有会文与会考。会文是定期将学生集中进行文章写作；会考是将书院全体学生集中进行的考试，以检测学生阶段性学习成绩。

　　到了清代，还出现了主要以考课为教学形式的考课式书院，它们以训练写八股文、参加科举考试为办学目的。书院制度完全是围绕提高考试成绩而设。对学生设立多种级别身份，有严格的升降制，成绩与待遇紧密挂钩，以刺激学生考试积极性。其中著名书院有尊经书院、凤池书院、明道书院、昭文书院、崇正书院、文昌书院、鸡鸣书院、虹桥书院等。

书院藏书的地位和作用

　　书院藏书是书院的有机组成部分，它随着书院的发展而发展，在我国图书馆史和文化史上占有十分重要的地位。

1. 书院藏书保存了大量的文化遗产

　　由于书院是古代高层次的教育机构，所以都拥有一定规模的藏书。不仅如此，许多藏书是书院创办人或主管人千方百计积累起来的，其中不乏非常珍贵的典籍。除此之外，由于书院的创办人或主管人所拥护的学派不同或地域不同，在藏书上就会有不同特色，有注重地方志的收藏，有注重程朱理学的经典，总之，特色各异。而且，书院自行刻书，一方面促进了印刷事业的发展，另一方面保存了大量有价值的书籍，并通过再次刊刻，使这些弥足珍贵的书籍得以重新流通起来。书院藏书历久不衰，世代相沿，直到最后成为我国近代图书馆和新式学校藏书的一部分，真可谓"功在千秋"。

2. 书院藏书注重藏书的利用

书院藏书大大提高了图书的流通率，打破了中古时期藏书重藏不重用的局面，逐渐积累了丰富的藏书管理经验，不仅集我国古代藏书管理制度和方法之大成，而且为建立我国近现代图书馆新型藏书管理制度开了先河。

3. 书院藏书对人才的培养十分有利

我国古代书院，都是以儒家理论为指导，弘扬占据统治地位的儒家学说。反映在书院藏书上，正统的经、史、子、集构成了书院藏书的主体。但古代书院也包含着自由讲学的成分，一些私人设立或地方设立的书院，对自由研究学问比较热衷，在书院中实行自由讲学和"讲会"制度，教学方式多采取启发诱导式，提倡学生自学，博览群书，老师加强指导，授道解惑，众多学者和生徒在书院接受这种教育，学术气氛比较活跃，促进了古代社会教育事业的发展，培养了一大批社会中坚人才。

4. 书院藏书使民族科学文化得以传播

从历史上看，我国书院藏书的历史远不及官府藏书和私人藏书的历史久远，其规模也不及后者大。但它好就好在既不是束之高阁、只供少数达官贵人使用，也不是禁锢森严、只借给亲朋好友，而是拥有广泛的服务对象，供给全院生徒和学者阅读、研究。在这样的情况之下，一方面扩大了书院藏书的社会职能，另一方面也造就了一些致力于民族科学文化研究的有用之才。

莲池书院法帖

5. 书院藏书直接推动了古代学术研究向前发展

历代书院都聚集了大批的文人学士，其中许多是有名的学者，他们不但讲学授徒，而且进行学术研究，著书立说。宋代大儒朱熹在书院的教学中，使理学大力发展。清代学者黄宗羲、钱大昕、段玉裁等人，既是书院的院长，也是考据学家。历代文人学者正是利用书院的丰富藏书，进行了大量的学术研究，为我国古代学术研究的发展做出了不可磨灭的贡献。

总而言之，书院藏书在我国古代藏书史上具有十分重要的地位，书院藏书在某种程度上已经具备了现代图书馆的性质。

书院刻书的发展

随着书院藏书的发展以及教学、学术研究的需要，刻书也发展起来了。顾炎武《日知录》称："宋、元刻书皆在书院，山长主之。"书院刻书不仅促进了书院本身的教育事业、学术事业的发展，也从一个侧面反映了中国出版史、图书史、文化史的发展。本来，古代的藏书和刻书是联系在一起的，藏书能为刻书提供蓝本，刻书又可丰富藏书，故而历史上的藏书家往往又兼刻书家。书院有丰富的藏书，又有精良的善本书，因而自己刊刻书籍十分方便、便宜。这是书院刻书产生的第一个原因。第二，书院刻书，还主要与它承担的教学、学术研究的功能有关。在教学中，书院导师的讲义、学生的优秀文章以及学者们的研究成果要刊刻发行，都需要具有刻书功能。因而，书院刻书功能的出现，既丰富了藏书，又发展了教学和学术研究，是书院的多功能化的重要体现。第三，书院刻书还与我国古代学校刻印书籍的传统风气有关。唐代以后作为最高学府的国子监往往具有代替国家出版部门的职能，为天下学子刻印书籍。地方官学也大量刻印书籍。在这种风气影响下，作为高级形态私学的书院也形成了自己的刻书传统。

由于书院的主要任务是教学、学术研究，因此，书院刻书的内容反映了这一重要特点。具体而言，书院刻书主要包括以下几类：①教材类。主要是满足书院生徒研读之用，如宋冰泽书院所刻朱熹《四书集注》、丽泽书院所刻司马光《切韵指掌图》等，就属此类。②学生文集汇编类。书院生徒经常有课艺、经史论文、读书心得笔记等，其优异者可以刊刻发行，以交流学习。这类书籍往往以书院命名，如《诂经精舍文集》《经训书院文集》《岳麓书院课艺》等。③学术著作类。在书院主讲的学者们平日亦潜心研究学问，留下了许多学术著作。还有许多书院尊崇某种学术传统，因而需要刊刻有关的学术著作。如宋龙溪书院所刻陈淳《北溪集》；清正谊书院辑刻《正谊堂全书》，它包括宋代理学家的理学专著数十种，都属这种类型。此外，由于书院刻本精良，还须承担政府委托的刻书任务，因此书院刻书中也包括官方交付刻印的书籍。

书院具备刻书功能后，发展很快，到清代已是蔚为风气。

书院刻书的意义与作用

书院刻书的产生和发展具有重要意义。

第一，书院刻书促进了书院自身的发展和完善。书院本身就具有学术研究、藏书等多种功能，而书院刻书的发展，对上述功能均有促进作用。首先，它能为书院教学直接提供教材、参考书，并能刊刻、出版学生的习作文集和教师的讲义，因而促进了书院的教学。其次，它能刊刻大量有价值的学术著作。如阮元主持诂经精舍、学海堂时，刊印了《诂经精舍文集》8集、《学海堂义集》4集、《学海堂经解》1400卷，这些都具有重要的学术价值，因而促进了学术研究的发展。最后，书院刻书成为书院藏书来源之一，为藏书的发展提供了条件。

第二，书院刻书丰富了我国的文献宝库，促进了出版事业、文化事业的发展。历朝书院刻书，形成了古籍版本中的"书院本"。顾炎武称赞书院版本时说："故书院之刻有三善也：山长无事，则勤于校雠，一也；不惜费时而工精，二也；不贮官而易印行；三也。"由于书院刻本的内容、校勘、雕版、印刷、装帧均有讲究，长期受到藏书家、藏书机构的重视。如宋代江西白鹭洲书院的《汉书集注》、福建环溪书院的《医学真经》、元朝湖南东山书院的《梦溪笔谈》、明代江西白鹿洞书院的《史记》、清福建南菁书院的《续皇清经解》《南菁书院丛书》等等，都是重要的学术著作和有价值的典籍版本，在学术史、出版史上均有一定地位。

第四节
书院的祭祀制度

　　书院不是官学，但在其成熟形态中也有祭祀空间。书院的祭祀空间一般称为祠宇，最早的书院供祀我们已经无从查起，宋初的岳麓书院和白鹿洞书院已有相关记载。祭祀活动是书院的重要活动，一般是以孔子等先师为榜样，进行儒家学说的伦理教育。

　　书院建祠堂行祭祀礼，是书院主要活动的一部分，受到书院师生的极大重视。

　　中国古代学校祭祀先贤、先师的礼仪活动有着悠久的历史，西周学校已

大成殿

有祭祀活动。《周礼·春官》载："始入学，必释菜礼先师也。"汉唐学校均有祭祀先师孔子的定制。书院产生后，就逐步形成了祭祀制度，使之成为书院教育的重要组成部分，它既是一种道德教育、礼仪教育的手段，又是书院学术传统、学风的重要标志。

祭祀的对象

1. 祭礼先圣孔子

唐宋官学大都祭祀孔子，修建文庙。北宋书院初兴之时，就有许多书院建礼殿祭祀孔子、"十哲"，受官学的影响较为严重。如宋咸平二年（999年），潭州太守李允则修岳麓书院时，就建有"礼殿"，并"塑先师十哲之像，画七十二贤"，这种隆重的祭祀设置是模仿官学而成。到了明代，岳麓书院又另建一个较大的文庙，其祭孔子的规模远超过一般地方官学。祀先贤孔子的祭祀是书院制度化、多功能化的体现。

2. 推崇学统

书院是古代思想家、教育家实现自由讲学的教育之地，为了推崇本书院的学统、标明本书院的学风，书院往往又祭祀本学统、学派的杰出人物。这是书院祭祀中最具特色的部分。南宋朱熹在福建创办竹林精舍，除祭先圣先师外，还将周敦颐、二程、邵雍、司马光、罗从彦、李桐等"七先生"从祀，从而开了祭祀道学学统、本学派先师的先例。其他如象山书院祀本学派大师陆九渊，岳麓书院祀张栻等。明代思想家湛若水到处创办书院讲学，他所创建的书院皆祭祀他的老师陈献章。王守仁死后，其弟子也到处建书院讲学，并祭祀王守仁。清乾嘉时期，大兴汉学，一些专讲汉学的书院为标明学统，就专门祭祀许慎、郑玄、司马迁、班固等汉学家、历史学家，而不崇理学家。上述这种推崇学统、学派的祭祀，对生徒们尊崇本书院学统、继承学派的思想传统所起的作用是极其重要的。

3. 祭祀与本书院有关的先儒、先贤

每所书院都有一批创建、兴复有功的人物，为了表彰他们的崇儒重教精

神和对书院的贡献，书院往往将这些人物作为祭祀对象。如白鹿洞书院建有"先贤祠"，祭祀对兴建书院有重大贡献的人物、主持书院讲学的山长或名师，包括唐代的李涉、李渤、颜翊、李善道、朱弼，宋代的明起、刘元亭、刘渔、刘恕、陈璀、黄异等人。岳麓书院明代建有"六君子堂"，也是祭祀宋、明间对修建书院有重要贡献的朱洞、李允则、阁式、刘琪、陈钢、杨茂元六人。祭祀先儒、先贤的目的是鼓励后人继承、发扬他们那种崇儒重教的精神，使书院教育得以不停地发展。

4. 祭祀主宰功名的文昌帝、奎星等

理学家及许多学者大多反对书院教育以追求功名利禄为唯一目的，但是，书院的演变往往与他们的初衷相违背。特别是到了后来，大量书院成为科举附庸，学生以追求功名为唯一求学目的。反映在祭祀制度方面，就是大修文昌阁、奎星楼等，以祈求那些主宰功名的神灵如文昌帝君、奎星的保佑。这种祭祀，既拜倒在科举之下而失去了学术大师治学的精神，又具有浓重的迷信色彩。

祭祀的仪式

书院一般都专门建有祭祀的祠堂（如濂溪祠）、楼阁（如文昌阁）和庙宇（如文庙）。根据朱熹的意见，书院祭祀的对象不设塑像，而以"木主"代替，即用一块木片做一牌位。如此一来，就可以和佛教的偶像崇拜相区分。

根据《礼记》的规定，书院的祠祀典礼分为两种，即"释奠"和"释菜"。"释奠"礼是产生于古代学校祭奠先圣先师的典礼，比较隆重，一般为每年春秋二季的仲月丁日举行，所以又称"丁祭"。行释奠礼时，要求用猪、牛、羊全牲供祭。"释菜"礼又称作"祭浆""舍采"，原来是古代学校祭奠先圣先师的礼仪，但比"释奠"礼要轻许多，主要用枣、栗、菁菹等蔬果供祭。清代东林书院规定每年正月上甲日举行释菜礼；白鹿洞书院则规定每年正月郡守送学生入院，或提学宪臣、主洞教官初次来书院，都要举行释菜礼。

到了举行释奠的时候，书院师生都得穿上礼服去文庙或礼圣殿，由师长带领学生参拜先圣、先贤诸像或牌位。书院祭祀的具体礼仪十分繁复，包括

设香案、陈列祭品祭器、迎神、奏乐、行三献礼、焚告文、送神等，每一仪式都有十分明确而具体的规定。

书院祭祀的影响

书院一直普遍盛行建祠堂行祭祀礼，后来的研究者将祭祀和讲学、藏书并列，视为书院的三大功能之一。但是，应该看到，书院祭祀活动的作用和影响往往具有双重性。

首先，书院通过祭祀活动，能够对生徒进行道德、礼仪方面的教育。对先圣、先师、先贤、先儒的祭奠，在师生中树立模范人物的形象，以培养合乎儒家伦理的思想品德，继承书院的学术传统和学风传统。由此可以得出，书院祭祀有它积极的一面。

但另一方面，书院祭祀活动也有其不利的方面，这主要表现在它们的宗教职能上。祭祀本身就是一种宗教性的礼仪活动，隆重的祭祀仪式总是和宗教的神灵观念密切相连的。如书院修建的文昌阁、奎星楼之类的祭祀建筑及与之相关的祭祀活动，就没有推崇学统、尊敬先贤的含义，其主要目的是祈求神灵保佑自己能中举做官，成为一种宗教迷信活动。而且书院的一些祭祀仪式往往流于形式，并不能达到对学生进行道德教育的目的。

第五节
书院的经费管理制度

经费是书院的经济基础，书院的一切教育活动、学术活动以及其他的文化活动，都必须依赖于一定的经济条件才能维持。因而书院的经费管理，也反映了书院的组织制度、行政管理方面的一些特点。

书院经费的来源

中国古代是农业社会，因此，书院经费的主要表现形式是"学田"，以田租作为经费的来源。但到了后期，一些书院（尤其是那些城市的书院）往往用银行利息作为书院经费，反映出社会经济的一些发展变化。

一般而言，书院的经费依靠学田。书院学田的来源主要有两个方面：

1. 私人捐赠

书院是"乡党之学"，它的兴起主要靠地方士绅、学者的支持，支持的形式之一就是捐赠田产。朱熹任知南康军时，为了资助白鹿洞书院，就亲自捐钱买田。明代嘉靖年间，长沙的几个知府也纷纷给岳麓书院捐田，如知府王秉良捐 18 亩，孙存捐 68 亩，季本捐 102 亩，林华捐 50 亩。当然，这些著名书院因能得官府的支持，个人捐赠田

五峰书院丽泽祠

产的比例不算大。但是，大量的地方书院，其经费的来源主要或完全依靠私人捐赠的学田或者是由一些退休官员、大家族独家捐资，如元代湘潭的主一书院、祁阳的浯溪书院；或者是地方各界人士合资兴建，如衡州的清溪书院。私人捐赠田产，是大量地方书院得以维持办学的重要原因。

2. 由朝廷、官府正式赐予拨给学田

在历史上，书院遭到统治者严厉禁抑的时间并不很长，在相当长的时间内，官府还是支持书院的，因为书院教育毕竟和封建社会是合拍的。官府支持书院的最直接行动，就是拨给学田。但朝廷赐田毕竟有限，数量更多的则是地方官府拨给学田。据《白鹿洞书院志》记载，从唐末到清初，官府拨学田给书院达 30 多次。南宋淳熙十年（1183 年），知南康军朱端章一次拨庙产

田 700 亩。到了清朝，由官方正式拨给经费的情况更为普遍。雍正年间，朝廷下令各省建立省会书院，这些书院的经费基本上由政府拨给。省会书院一方面使用政府拨给的学田的田租，另一方面也可直接得到拨款，然后造册报销。至于各府州县的书院，则往往是私人捐资和官拨公款兼而有之。

书院经费的使用

书院经费的用途很多，包括山长和教职工的薪金、生徒的膏火费（奖学金）、书院维修费、祭祀费、购置图书费以及其他日常开支的费用。书院经费的开支，可以反映出书院内部各种人员的经济待遇和教学活动在书院经费中的比例等情况，对我们了解书院内部情况是很重要的。

书院经费的开支主要用于教学和学术活动，包括山长和教师的薪金、学生的膏火费及其他有关教学经费，而书院管理人员的薪金及其他费用则很少。个学生的膏火费（奖学金）要高于书院一般管理人员的薪金，至于山长、教师的薪金远远高出于从事管理的监院、书办等人员薪金数倍或数十倍。这基本体现了书院经营使用的一般特点。

第六节 书院章程

章程，也作规程、学程、条例、馆例、馆规、洞规、日程、戒条、禁约、课则、课规、课程、课榜、规条、斋规等，名目繁多。章程不同于学规的远大追求，强调细密的做法和可操作性，内容多是山长的择聘、待遇、责任；生徒的甄别、录取、分级、考课，以及考课的日期、内容、奖罚；教材的选择，教学组织，课时安排；讲会的组织、讲会的程序、仪式、日期，以及会讲的内容；经费的筹措、管理与开支；图书的征集、整理、编目、借阅；员工的配备、责任、工食；书板的校刊、刷印等，皆是具体而硬性的规定，意在从各个侧面去维系书院的正常运作。它是书院制度具体而生动的反映，体现其管理水平的高低。

雷致亨：燕平书院章程

一、道光二十年，两沙屯药王庙之官地五十三顷五十五亩三分六厘，所有地亩租息，蒙尹宪奏奉谕旨，以一半赏给京城金台书院等处，添补经费，以一半赏给昌平本处书院，为脩脯膏火之资，每年除扣纳民粮外，实收一半租息大钱四百一十千零九百四文，遇闰之年，除扣纳民粮外，实收一半租息大钱四百零九千五百四十文。自二十三年起，所收一半租息，即以为脩脯膏火之资。此项由州经管，每年将收支及实存钱数开列清单，张贴书院，仍于年终造册呈道署备查。如不足用，道州捐廉垫办，如有盈余，归下年支销。

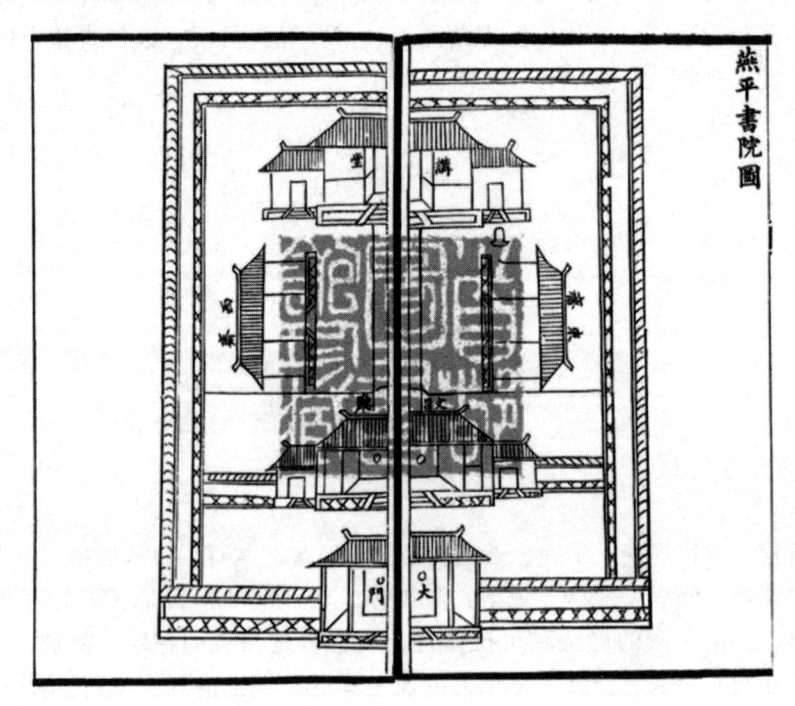

燕平书院平面图

二、书院旧存地四百九十九亩，地基十五段，房一所，每年共收租大钱一百二十一千四百六十五文。又旧设小书院一所，亦出赁取租。此项房地，本系绅士捐置，所有收租事宜，仍归董事经理，每年将收支及实存钱数，开列清单，张贴书院，仍于年终造具二册，送州盖印，一存州署，一交董事，永远备查。此项地每年有应纳粮银，自道光二十三年起，按年由州捐廉代为完纳，已禀明道宪批示立案，永远遵行。

三、院长由州延请附近文行兼优科甲出身之绅士，务期馆政克勤，士民翕服，其有他处推荐者，概不得延入主讲，致开冒滥之端。查支取干俸，并不到馆之弊，道光二年，钦奉谕旨，永行禁止，况本州书院经费，出自朝廷恩赏，地方官口任父师之责，更宜实心经理，敬谨遵行。倘或本州瞻徇情面，以干食束脩及旷误馆政之人滥充讲席，即属有违定制，辜负皇仁，许绅衿就近禀请本道核办。

四、院长每年束脩大钱二百千，火食大钱六十千，按月致送，遇闰火食加增，节敬大钱十二千，分三节送。到馆路费，近者大钱二千，远者以八千为率。年终回家路费仿此。

五、每月课期二次，初三日为官课，十八日为斋课。官课由道州按月轮流扃试，生员分超等、特等、一等，童生分优取、上取、次取，榜示书院。举贡监应考者，归于生员内。斋课由院长扃试，亦照官课分等第录取，仍由州榜示。

六、每年初次开课，由本道甄别，超等给予正课，膏火每名大钱一千二百，特等给予副课，膏火每名大钱六百，一等为外课，优取给予正课，膏火大钱六百，上取给予副课，膏火大钱三百，次取为外课。副课生员，官斋课连三次考列超等，即升为正课。外课连三次考列特等，即升为副课，如三次内，间有考列超等一二次者，亦升为副课。至升副课后，绩又考列超等合前并计连考列超等三次，即准升为正课。其降罚等第，亦照此递降。童生升降，悉与此例同。

七、生员正副课各八名，童生正副课各五名，如果文风日起，即可随时酌增，否则姑缺。至外籍生童，一概不得与考。

八、每岁甄别一次，至期，恐士子远出未归，不及与考，准于每逢月课时，赴州报名补考，列于外课。

九、斋课超等优奖，首名大钱六百，二名以下，俱大钱四百，童生优取，首名大钱四百，二名以下俱大钱三百。

十、每月膏火优奖，俱归于下月官课点名时随卷散给。

十一、每年除正、腊两月不课外，按十个月发给膏火。如遇乡试，给与两个月膏火，院试给与一个月膏火，会试照乡试例给予。

十二、课期生童饭食，每人给大钱一百。茶水令斋夫妥办，每课发大钱二百。

十三、正副生童有住院肄业者，由监院知会本州，禀明本道，酌留肄业。每人每月除膏火外，再发大钱一千八百。

十四、肄业生童遇岁科考试，取第一名者，给花红大钱四千，乡试中式者，给旗扁大钱二十千，拔贡给旗扁大钱十二千。

十五、肄业举人中进士，由地方官致送贺仪银二十两，馆选致送贺仪三十两。鼎甲致送贺仪五十两，榜下外用者不与。此款非岁所常有，由道州捐廉致送，不得于书院经费内开销。

十六、每年禀请本道，酌委学师一员监院，岁支薪水大钱十二千。岁首开课甄别，由学师预派门斗传知生童，督率董事，妥为经理，屋宇毋得任人作践，书籍器具无任残缺散失。倘有不遵，随即移州或禀本道核办。

十七、董事二人，由本州于在城绅衿内选派老成殷实者，一年一换，每年送薪水大钱十二千，于旧存房地租息内动支，年终将经理簿册交次年接办之人。

十八、仲夏祭祀及岁修糊窗，共大钱十千，由董事核实经理，在旧存房地租息内动支。

十九、每月两课，俱令州礼房伺值，俟诸生交卷毕，始准散去，每课给饭钱一百文。课卷由礼房备办，每本酌定工价钱二十文，不得以粗劣纸塞责。其名册榜示等项，每年酌给纸笔费大钱四千，均由州给发。

二十、书院设斋夫二名，一管门户器具，并供洒扫，一伺应院长，并执爨，每名每月，给工食大钱两千，在旧存房地租息内动支。

二十一、旧存房地租息，令斋夫催取，每岁给大钱五千，下乡时，其管门差使，该役自觅妥人代充，不得贻误。

二十二、买置书籍器具，除造册报销外，另缮清册一本，盖用州印，付交董事，责成经理稽查，官绅士人，一概不得借出。每年六月，将书籍抖晾一次。倘书残器缺，不随时修理，甚或听其散失，查出令董事认赔。若有人私人携去，董事查出禀州，除追回外，官绅士人，照原价罚钱，以充经费，使役人等，立予责惩，仍追回原物。若董事斋夫私借与人者，分别加倍罚责。

二十三、凡非肄业之人，无论官幕绅士，一概不准在院居住，如违，罚大钱十千，以充经费，仍责令即刻迁出。地方过往差事，尤不准藉作公馆，况昌平为西北口通衢，客官驰驿往来，岁无虚月，如本州失于查察，一经借用，被道宪查出，罚本州大钱一百千，以充经费，仍由州另觅公馆，即日迁移。

二十四、见定章程，奉道宪指示，已属周详，但规模草创，仍恐未臻完备，不妨随时增订。总之，养士不嫌于过厚，杜弊不厌其过严，而尤在行之以实，持之以恒，使士习文风，蒸蒸日上，用以仰副圣天子振兴教化之至意，是则官斯土者之所厚望也。

道光二十四年，知昌平州事雷致亨谨识。

——清道光二十四年（1844年）

龙冈书院章程

一、书院房舍，系生童肄业之所，不得徇情借住，以致损毁房舍，有妨功课。一切器皿，亦不得擅借出院，致有损失。

二、延请山长，每岁九月间，由总理及董事会同邑绅公择科甲出身、学行素著、诗文兼长者，以为多士矜式，择定后禀明本县，具关敦请。仍旧留请者，亦于八九月禀明订定。总须在院训迪，按月课试，庶于士风能有裨益，本县不得曲徇荐托，致书院徒有虚名。每年致送山长脩金一百二十两，膳金八十两，共银二百两，现计合钱三百千文，按季致送。

三、书院每年二月初二日开课。先期由县出示晓谕，生童赴礼房报名卷备。至期齐集书院，听候本县扃试。生监取在前十二名，每名月给膏火大钱五百文。每月膏火，以初二日官课为定。每年除正腊不课外，以十个月支销，岁需膏火大钱一百三十六千文。其余附课，俱无膏火。

四、每月初二日官课一次，十七日馆课一次，作为正课，在院扃试，专试制艺试帖。初九日、二十四日两日散课二次，一由本县出题，一由山长出题，一文外，或论辨经解策赋，不拘一体。其不在院肄业者，准其领卷出院，限次日交卷。正课二次，赴课生童，每名给饭食人钱四十文。每课应试生童五六十名至百人不等，约岁需饭食大钱六七十千文。每月馆课，超取生童奖赏二千文，岁需二十千文。官课奖赏，应本县自备。散课无奖赏。

五、三节每节致送山长节礼大钱六千文。每月正课二次，每次山长监院合董事酒席大钱一千文，开馆散馆酒席共四千文，岁需大钱四十二千文。又初延山长致送聘金四两，次年留请，不送聘金。

六、两学监院，应送薪水，每学每节送大钱四千文，三节岁需大钱二十四千文。

七、看守书院一人，常川伺候，每年工食大钱十千文。

八、官课、馆课试卷名册榜纸，均由礼房备办，岁给纸价大钱二十千文。

九、书院旧有存捐地亩五顷四十六亩，地多瘠薄，每年招佃输租一百四十六千八百五十文，内除完粮钱四千文，又岁给四礼生大钱十六千文。此项历久相沿，应仍旧支给，书院实得膏火地租一百二十六千八百五十文。其租由本县催征，随征随发，交各董事具领支销。又现在以续捐大钱三千文发商生息，按月一分生息，岁得利息大钱三百六十千文，按季交董事支销。又铺房三所，得房租大钱二百一十千文，董事按月取用。年终算报，以归核实。

龙冈书院

十、发商生息本银，不准官为提取，亦不准董事私取。今于发本时，取该商切结，嗣后如有官及董事提取，即行缴发。以致亏空无着者，著该商照数赔出原本，照常生息。此结除发房存卷外，并抄二纸，一移学存案，一发存董事。其各商或遇止歇更换，即令项代之商承领交息，倘有添设当典，准该商等均匀拨办，以昭公允。

十一、书院二堂五间，为山长住房。堂下东西厢房六间，讲堂边房两间，堂下东西厢房十间，皆为在院生童肄业之所。先尽超等生童居住，如有闲房，颇就师范负笈而来者，亦准在院肄业。火食均各自备。

十二、书院为教育人材之地，理宜整齐清肃。肄业生童如有无故出院闲游，不勤攻读，呼朋引类，来往喧谈，山长同监院严加训斥。不遵约束者，一次戒饬，二次逐出。或有酗酒废荡，好讼滋事，有乖行止者，立行逐出，以昭儆戒。

十三、每年十一月课毕，散馆。平时肄业诸生，偶有事故，必须于山长处告假出院，以备稽考。凡官课既取，应给膏火，馆课不到者，罚膏火半月，两散课俱不到者，扣除四分之一。

十四、书院后身，移建义学一所，向有县属小州村西义学田六十亩，仍归义学。即在肄业生员内，拣选品端学优者一人为师，以此地租大钱三十千文作为脩金，由书院董事按季支送。其学生限十名为止，著董事查明，实系无力从师者，方准送入。

十五、书院董事四人，以前俱自备资斧，以后若不议给薪水，恐难为继。今议四董事每岁轮流二人，在院常川照料，经理租谷银钱等项，各给薪水大钱十千文，计岁需大钱二十千文。如有要事，仍合四人公商。年终算账，四人邀同总理公算，即于算账之日，接办下年事务。其有事故外出等事，由绅耆选举家道殷实正直可靠之人顶补。

十六、课期在岁科考郡院试之时，不得拘定常期。俟试毕，照常开课。其扣存经费，存公备用。

十七、每年支销经费，总理董事于年终算账，定于十二月初二日齐集书院，核实开造四柱细册，呈送本县核销存案备查。

十八、书院堂舍工程，一切什物器具，铺面房屋租数，田地坐落村庄顷数亩数租数，发商生息存本，各项册籍，一样造具三分，一存县卷，一存儒学，一存书院，交董事收支。如有更换交接，按册点交明白，即将此册交与

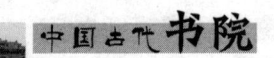

替人收执。

十九、龙冈书院，康熙二十二年知县王珌始建，至乾隆三十年而已圮，知县李方茂修，距今七十余年，又圮，以无岁修之款故也。今若不议岁修款，风雨剥蚀，历年久远，必又渐见倾圮。兹议定余钱存为岁修，责令董事每月察看一次，遇有渗漏剥落处所，禀请县学验明随时点补，以期永远不朽。岁修之费，不得过大钱二十千文。如有盈余，多则置产，少则存公，以为修补房屋添置器具之用。凡有修置，董事应禀县备案。

二十、现定章程，限于岁入之数，概从撙节。将来城乡好善之士，有随时量力捐输者，再当添增膏火，广集生童，庶士习文风。日臻上理。

——清道光十七年（1837年）

知识链接

古代书院为何都安在深山老林里

书院选址，为何要在远离人烟的深山老林里呢？这与书院兴起的初衷有很大关系。古代的书院，往往是在官学（公办学校）废坏时出现。兴办书院的目的，一方面是为了科举考试；另一方面是为了研究学问，启迪民智，回归教育的本质。而在一些大学者看来，一个空灵安静的地方，更有益于学问。比如，曾经执掌白鹿洞书院的南宋理学大家朱熹，就曾奉劝他的学生："莫问无穷庵外事，此心聊与此山盟。""好去山头且坚坐，等闲莫要下山来。"

广泽书院新定条规

一、书院新旧成本、地亩、器具、条款，造册二本，送署盖印，一发礼房存案，一交首事人收执，以备兑照。其房屋器具如有损坏，值年首事禀商修补。至院内大小一切什物，另立一簿，交院役存收检视，不得挪借出院，如有短少，禀官究处。

二、书院掌教山长应由绅士延访附近文行兼优之科甲，每年十一月初七日众首事禀商关聘。其远方夙彦不能常在院中主讲者，不得滥充是席，庶免有名无实。

三、书院掌教脩金制钱一百吊，按四季致送，出自书院生息。薪水银二十两，关聘银二两，俱由官捐。

四、月课辰刻封门，逾时不到者，虽属高才，不准补进。酉刻交卷，秉烛继晷者，虽有佳构，不列前茅。

五、议定经管书院首事十二人，分为两班，每班管理一年，于正月二十六日算清账目，交割簿籍。如有余钱过百缗，即行发息。其算账之日准支制钱二吊，以为首事饭资。其现年经理之人不得推诿，永为定章。倘议定经理之人遇有事故告退，公同择举一人接管。

六、书院本应额设正课、附课生童若干名，按名分给膏火，以助肄业之资。兹因经费不敷，先议每课厚给奖赏，以示鼓励。俟生息加增，再行议定。

七、书院号舍原兼县试而设，如遇临考，前三日值年首事婉商山长，另为赁借公馆暂住，俟考毕搬回。其应用房价等费，出自公项。至住院肄业生童，亦于考试前三日搬出，俟考毕方准进院，以防嫌疑。

八、奖赏钱文向由礼房给发，凡生童应得奖赏钱文，不准礼房折扣分文，

巨鹿县育红小学的前身就是广泽书院

庶不至有名无实。

九、月课造册填榜纸张，礼房备办。每课支制钱五百文，以为纸笔之费。无课不准支钱。

十、院役每逢课期前一日，将号房院宇扫除整洁，课日预备生童茶水，每课支制钱三百文，以作水火资费。

十一、每年甄别后，山长入馆，著院役于前三日扫除整洁，责成在城首事经理，山长到馆后由官订请筵宴。

十二、院役工食，向章每年制钱九千。兹议定每年发给制钱一十五千，按四季具领。

十三、院役由众首事公保谨厚之人，常川伺候。倘有错误，按季算明工食，禀官革去另募。

——清光绪年间

傅兰雅：格致书院会讲西学章程

一、本书院之设，原欲兴行格致之学。惜开院多年，未收实效，兹特设法，以便倡行西学，引入讲求。凡聪幼文人，有志考求者，可于每礼拜六晚七点钟起到院，谈订录号，言定欲习何种西学，以便照课讲习。

二、照今所有西学书籍足资考求者，可分六学：一矿务，二电务，三测绘，四工程，五汽机，六制造。各学有全课，有专课，学者可任取某学，逐次讲习。此外，欲另习他学者，亦可商订考求。

三、以上六学，照西法各派定课程，译印成张，学者可按课学习。所需书籍，各自购备，居恒逐细读阅，以期熟练，遇有难明之处，可按期到院询问，为之讲解。

四、每月一次，于礼拜六晚为考试之期，凡学者可如期到院面试，果觉纯熟，则给课凭后再换新课。不熟者仍需温习前课。

五、凡习熟一学全课，或一门专课，考试中式，则发给本书院课凭，指明其人已精此门学业，足为行用。

六、无论欲习何学，必照译成课程，循序而进，不得躐等。不得躁进。每七日中，必自尽心习练在学之课，以便临期考试。

七、本书院所设此举，意在倡引鼓励，并非坐馆塾师逐字课读者比。所有功课，全赖学者自行工苦，殷勤习学，本书院不过略助讲解，以便明通而已。

八、学课中遇有须演试者，拟用院内已有之器具。订期在院依法试验，或用影戏灯等法，显明其理。以上各事，一概不取分文。

九、如将来愿学人多，而学者已得门径，不难精求，拟另聘请专师，居院教习。如何从学，到时当另有章程。

——清光绪二十一年（1895年）

高赉亨：洞学十戒

一曰立志卑下。谓以圣贤之事不可为，舍其良心，甘自暴弃，只以工文词、博记诵为能者。

二曰存心欺妄。谓不知为己之学，好为大言，互相标榜，粉饰容貌，专务虚名者。

三曰侮慢圣贤。谓如小衣入文庙及各祠闲坐嬉笑，及将圣贤正论格言作戏语，不盥栉观书之类。

四曰凌忽师友。谓如相见不敬，退则诋毁，责善不从，规过则怒之类。

五曰群聚嬉戏。凡初至接见之后，虽同会，亦必有节，非同会者，尤不可数见。若群聚遨游，戏言戏动，不惟妨废学业，抑且荡害性情。

六曰独居安肆。谓如日高不起，白昼打眠，脱巾裸体，坐立偏跛之类。

七曰作无益之事。谓如博弈之类。至于诗文，虽学者事，然非今日所急。亦宜戒之。

八曰观无益之书。谓如老庄、仙佛之书及《战国策》诸家小说、各文集，但无关于圣人之道者皆是。

九曰好争。凡朋友同处，当知久敬之道，若以小忿辄伤和气，与途人无异矣。

十曰无恒。夫恒者，入圣之道，小艺无恒且不能成，况学乎。在洞生儒，非有急务不宜数数回家，及言动课程，俱当有常，毋得朝更夕改。

——明嘉靖年间

邵锐：白鹿洞书院禁约

一、上司来视书院，皆以论道讲学为心，以培养士气为志。洞中师生迎送拜揖，毋得辄自屈膝，以负上司期待作养之意，其迎送悉照李提学龄旧规，以枕流桥为止。

二、本洞储书，专以教迪士类。近年江西科场必取洞书应用，及至领回，缺者不敢言缺，失者不敢言失，洞书残落，大半由此。今后江西科场书籍，布政司自备，该府毋得辄取鹿洞书籍送用，以致遗失。

三、院中书籍，考旧志所载，残缺遗亡者十已五六，近经兵乱，全无册籍查据。今后仰府设立一样册籍四本，明开书籍什器，解起本道钤印。印过，一留本道存照，一留本府存照，一发本府学存照，一发付书院库子收管。本洞教授每月朔查取门库损失有无，执结，岁终仍申本道查考。

四、先贤买田积租专以养士。近因生徒不至，将累年储积发修府县两学，

白鹿洞书院

甚至他郡亦或请租修学，殊失先贤买田本意。今后仰府储积洞租，专留养士，养士羡余，止许支修鹿洞，其修府县两学，仰府自行措置，毋得辄支洞租，以缺养士之谷，以负先贤之志。

五、征收鹿洞租，不委老人义民，则委丞簿府幕。租谷未催，利心先动，累年拖欠，职此之故。今后洞租在南康府者，行委南康府请勤正官征足；其在南昌府者，行委南昌府请勤正官征足，发至南康收管，南昌仍行缴报。如有违犯，径自提问，庶事体归一。

六、本洞教管承训人育材为事，以养廉守耻为先，若使征收租谷，非惟势所不行，而职亦不专。今后止委府官征收租谷，谷完之日，帖行教官，令其开列师生姓名支给。支给之日，教官眼同面斛，于本道洞租簿上亲书支数，以凭查照。

七、白鹿洞佃户一应税粮茶丝正额，俱各准租完纳，近复编签杂差，是先贤户籍，乃不能蠲免差徭矣。况田在星子者止二百余亩，若租谷准差既多，则养士者愈少。今后鹿洞户在星子者，杂差悉与蠲免，其建昌田多者别论。若星子偶有重役，仍就建昌通融补足。

八、洞中别无仓厫储积租谷，若诸生肄业洞中，使其出府领谷，山路往返几数十里，似为不便。仰府立仓洞中，将近洞田租收贮，就洞给散。其建昌、南昌二处租谷，依旧收蓄府仓，俟洞仓所储将尽，该府陆续运补，务令充足，以备支给。

九、大成殿诸门宜牢加关锁，非洒扫、参谒不得擅开。以致秽污亵渎。其关锁未备者，仰门库具呈本洞教授，申请定夺。

——明万历六年（1578年）

蔚礼贤：礼贤书院更定章程

青岛礼贤书院两级学堂更订章程序

德国同善会设礼贤书院于青岛，自辛丑迄今，已阅十余载，来学者历年增盛，足见华人向学心切，不可无完全教育以饷诸生。夫本会建学之义，原以沟通中西文化，增进少年道德为正鹄。创办以来，章程、规则或未尽善，经此十余稔阅历，渐有把握，每见熟谙华文者，于科学进步特速，不能者反是。盖诸生华人也，必研究华文为根柢，然后可为西学之导线。于是删易旧章，取累进主义，此后小学堂专以中国经史、国文为主课，再以算学、地理、德文等次第加入，使层累而深。迨入中等学堂，则中西并课，体用兼赅，文化交通，德学共进，庶令中华国粹不沦于时尚，而各门科学亦藉以大成，则本书院立教之目的，由此而达焉，岂不庥哉！甚愿与学子共勉之。

中华元年阳历七月（阴历五月），同善会礼贤书院监督尉礼贤谨述。

立学总义

一、本书院立学之旨，以成德为体，以达材为用，以中西学问为造就之根基，以德国文字为交通之媒介。道德纯粹，自然文学辉光。中国经史既有益于德行，复赡美于文词，研究贯通，则西学迎刃而解。诸生勿舍本逐末，以期于大成，庶不负同善会建学之意。

二、本书院学生分为小学堂、中学堂两级。小学肄业五年，中学肄业四年，年满考准为毕业生，监督给以文凭，以示奖励。

三、本书院所立课程科目，分照小学、中学相当程度教授，修身、讲经、国文、德文、算数、理化、博物、历史、西史、地理、天文、图画、体操、乐歌。

四、本书院因功课繁密，故于理化、算学、地舆、德文、经史各课俱有

礼贤书院旧址

定所，以备诸生按时就班，而免紊乱。

五、本书院于天文、理化、地舆、矿物、动植物诸学各备仪器、图画、材料，为诸生试验，庶乎理必征实，不至空言想象。

六、本书院录取诸生，小学堂学生当有蒙学教育，年在十岁以上者，方可考入。中学堂学生除本院小学毕业选升外，须有小学毕业及相当之程度，而年在十五岁以上十八岁以下者为合格，过二十岁以外，概不收录。

七、本书院招取学生，以聪明敦厚为上，沉静和平者次之，若佻达浮嚣性情乖戾，虽高才不录。

八、本书院添收新生，须于年假期间预先报名存记，俟正月开学之前，先三日早到，分别考试。考准者，同荐保人立据，若荐保人不居本埠，但与本堂监督或教员熟识者，亦可专函令学生亲持来堂，以此作为保证。又该生父兄若能亲到，须于据内书押，其不能到者，当书寄监督，述明愿与子弟同守学章字样。倘学生已过考期方来，或考不及格者，不录。

九、本院小学堂学生岁出学金十元、膳金三十元，中学堂学生岁出学金二十元、膳金四十元，分春秋两季开学时各缴一半。

十、学生考准入堂，一律作为正课生。惟不在堂食宿者，另有规定。凡两级学生，经考试后实系品端学粹，或家贫无措者，则酌减学金一半，或全免学金，但此系同善会特别捐助，以为激劝，不作定例。

十一、两级学生若在本学期内半途而废，则所交学金、膳金概不退还。

十二、学生应交学费，务于开学之先调齐之日一律缴清。如因有故，实系不能按期，须该学生父兄函请监督，指明期限，并请本院教习作保，方能照准。

十三、本书院为造就人才起见，除由学生所交学费外，不敷甚巨，一切支销尚需大宗协款，皆归德国同善会担任。诸生来学，当有始有终，学成名就，方不负同善会捐款兴学之心。

十四、本书院经书、科学一切用品，俱归学生自备。中国笔墨纸张则由本院分给，德文书籍无力自购者，亦可借用，惟每届放假之期，须将借件缴回。如有损坏遗失，或留不肯缴，必照值责偿。

十五、本书院每年分两学期，自正月下旬至小暑后为第一学期，自处暑后至十二月为第二学期。

十六、学生于每学期开学时，不得迟延不到。若家有要事暂不及回堂，须有学生父兄之函告，或保人为之关说，如过期不到又无音信，例不再收。

十七、不在本院居食者为外附生，小学每学期交学金十元，中学每学期交学金二十元。

十八、学生一切功课皆有科目表，应一律学习，不得避难就易。如有确实情节碍难兼顾，宜于开学之初禀请监督与教习核夺办理。

十九、凡学生如有天资劣钝，行检有亏，不守学章，不听教劝者，即令退学。

二十、本书院为特重汉文起见，每于伏假期内独设练习汉文一班，本监督商请教习以尽义务，学生有愿留学者，务先期声明以为预备，惟饮食厨役一切用度，须该生等自行筹画。而于教习一面，亦当致敬尽礼，以联师弟之情。

学堂教员职守

一、本书院两级教习人员，各有一定职守，其分任事件当斟酌情形，详定节目，以便遵循。

二、各员按定职务任事，其有与他职守关连者，当协同商酌办理。

三、教员当按照本堂课目程度，切实循序教授。

四、小学堂以华文为最要，经史、国文当严行督课。

五、各员宜按照所定时间上堂讲授，毋得旷废程功。

学生功课考验

一、学生以修身为本，监督及教习当随时稽查其品行，详定分数，与学科分数合算。

二、本书院考试有五，一随时考试，二学期考试，三年终考试，四毕业考试，五升学考试。随时考试无定期，各教员于学期内择日行之，以凭汇计分数。

三、学期、毕业及年终三项考试，所定分数，与平日功课分数平均计算。

四、学生班次按其功候之深浅而定，每于年终考试及格者升班，不及格者原班学习，再试仍不及格即行退学。

五、评定分数以八十分以上为最优等，七十分以上为优等，六十分以上为中等，五十分以上为次等，五十分以下为不及格。

六、本堂监督备置功课及行检总分数册各一册，以便教员将各班学生分数送交汇总，注入册内。

学堂礼仪

一、开学礼，教员及学生均整齐衣冠，赴讲堂前，学生先与监督行礼，再与教员行礼，皆两鞠躬，入讲堂坐定，由监督施以切实训语，然后整肃以退。

二、散学礼，学生整齐衣冠，挨班同赴讲堂，监督偕各教员依次而坐，由监督慰勉诸生，并宣布下学期开学之日，学生向监督、教员一揖而退。

讲堂条规

一、教员及学生每日早八点钟齐集讲堂，由监督同教习检中西经史中有关于修身明德者宣讲一段，以为学生端本之要。

二、教习到堂，学生须起立致敬，教习坐然后坐。

三、讲堂之上，不得离位、偶语及私带课本外一切书籍。

四、鸣锣上班，学生先到堂，教习随到，均不得过五分钟。

五、换班时，或前班功课未了，不得迟至五分钟，始行出堂。

自习室条规

一、每日早六点钟齐起，七点钟早餐。晚七点半钟，均至讲堂点名退出，回自习室备课，至十点钟一律息灯安眠。

二、自习室内器具、被褥务宜修洁，位置须有次序，由监督查验，倘于所备桌案等有所损坏，责令赔补。

体操条规

一、学生闻上操口号，由班长约齐，更换操衣。

二、更衣后按次排列，由班长点名，检查衣服是否整齐，然后教员率至操场。

三、至操场时，班长向教员报明今日到操几人，告假几人。

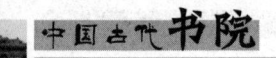

四、操罢回堂，仍须依次排列，教员率学生行军队礼而散。

放假条规

一、星期六下午与星期日为休息例假，学生须领有出堂准票，方可自便，惟必在七点钟以前回堂。

二、学生在两学期内不准告假归里。如家中确有要故，该父兄当函请本监督或保人代诉情由，酌议核夺，可则假以期限，届期速回。若该父兄既无信件，又无保人代请，或事不紧要，概不准假，免误功课。

三、每逢孔子诞日及清明、端阳、中秋并西国令节，均放假一日。

学堂禁令

一、学生亲友有来堂探访者，须由门役报知，不得擅入，学生亦不得擅出接谈，有碍功课，须于下班时在自习室晤面，然不准在堂留宿。

二、学生以专心向学为主，严禁干预外事并国家之政治。

三、学生如有陈请，先向应管人员声明，不准私自开议，聚众要求及停课罢学，藉端挟制。

四、遇有本学堂增添规则，新施禁令，学生等不准任意阻挠，抗违反对。

五、学生每早晚上堂点名，当肃静无哗，不得击掌鼓噪。

六、学生不准离经畔道，妄发议论，或著书讥刺，刊布报章。

七、学生不准荡检逾闲，有伤名教。

八、以上各条，如有违犯，除立行斥退外，仍分别惩罚。

赏罚规则

一、学生赏罚由监督及教员详细酌度，公平论定。

二、本堂置学生功过簿，监督教员随时记注。

各等斋舍章程

一、学生每至餐堂用膳，有教员监视，毋得拥挤喧哗。

二、藏书房有各科书籍，学生欲借阅者，须陈明管理员签字，方准领取。

三、本堂设司阍一人，凡有外客来访教员、学生，司阍人知会来客，先入客厅，须俟退班后通报，不得擅入课堂。

四、学生自习室不许留客经宿，即系至亲，亦宜禀明。

五、学生除星期六、星期天两下午照章领票出堂外，平日上课之暇，只许在院外或操场逍遥闲步，不得私自至街游坃。如有要事，宜禀请监督，领有告假准单方可。

六、每星期六午后，各生按班换衣、洗濯及梳发。

七、浴室有澡身却病之益，疏密各从其便，惟至五月以后八月以前，须勤浴以助卫生。

八、学生不许私到厨房寻觅食物，或入他人室闲坐攀谈。

九、本书院另有游玩场，诸生每日完课，可到场中散步，不许在院中嬉戏喧闹。

十、医院为疾病调养之所，学生有病当于早八点钟向本监督递禀条请假，准赴医院诊治，倘未能即痊，须住留医院，必有医院之执照方可。

十一、学生有病除递条告假陈明外，须由监督函送医院。

十二、本院厕室务令洁净，凡院内上下人等，不得任意作践，以免污秽致疾。

——1912 年 7 月

知识链接

连皇帝都奈何不了的"校长"

古代那些著名的书院，无一例外都拥有名震四方的山长。例如，北宋年间，"天下四大书院之首"的岳麓书院，有个叫周式的山长，他的学术和品行都很好。宋真宗知道后，就派人接他进入皇宫，封他为国子监主簿，并想留他在京城侍驾。然而，周式却坚持要回到岳麓书院，真宗无奈之下放他南归。此后的岳麓书院，更是名声大振。

第七节
中国书院学规

在中国古代文化史上,古代学规作为中华传统文化遗产的一个组成部分,在许多方面都体现了中国人民的传统美德和民族精神,包含着深刻的人生哲理。

学规又叫学约、学则,如同今日的学生守则。古代学规有多少,要看古代的书院有多少,一院有一院的规章,同一书院在不同的时期有不同的规章,积千年下来,大概也可用汗牛充栋这个词了,但流传至今的可谓"凤毛麟角"。

吕祖谦:丽泽书院学规

1. 乾道四年(1168年)规约

凡预此集者,以孝弟忠信为本。其不顺于父母,不友于兄弟,不睦于宗族,不诚于朋友,言行相反,文过饰非者,不在此位。既预集而或犯,同志者,规之;规之不可,责之;责之不可,告于众而共勉之;终不悛者,除其籍。

凡预此集者,闻善相告,闻过相警,患难相恤,游居必以齿相呼,不以丈,不以爵,不以尔汝。

会讲之容,端而肃;群居之容,和而庄。(跛踦、踊倚、喧哗、拥并,谓之不肃;狎侮、戏谑,谓之不庄。)

旧所从师,岁时往来,道路相遇,无废旧礼。

丽泽书院丽泽堂

毋得品藻长上优劣，訾毁外人文字。

郡邑正事，乡间人物，称善不称恶。

毋得干谒、投献、请托。

毋得互相品题，高自标置，妄分清浊。语毋亵、毋诶、毋妄、毋杂。（妄语，非特以虚为实，如期约不信，出言不情，增加张大之类，皆是；杂语，凡无益之语，皆是。）

毋狎非类。（亲戚故旧或非士类，请礼自不可废，但不可狎昵。）

毋亲鄙事。（如赌博、斗殴、蹴鞠、笼养朴淳、酣饮酒肆、赴试代笔及自投两副卷、阅非僻文字之类，其余自可类推。）

2. 乾道五年（1169年）规约

凡与此学者，以讲求经旨、明理躬行为本。

肄业当有常，日纪所习于簿，多寡随意。如遇有干辍业，亦书于簿。一岁无过百日，过百日者同志共摈之。

凡有所疑，专置册记录，同志异时相会，各出所习所疑，互相商榷，仍手书名于册后。

怠惰苟且，虽漫应课程而全疏略无叙者，同志共摈之。

不修士检，乡论不齿者，同志共摈之。

同志迁居，移书相报。

——北宋乾道年间

仁文书院讲规

孔子曰：学之不讲，是吾忧也。嗟乎，如以此语执涂之人，而告于三吴水湄之乡，岂不曰由之瑟奚为于丘之门乎！而孟夫子道性善，言必称尧舜。有激乎，有激乎，杨墨横议之世，语至动色，曰子何尊梓匠轮舆，而轻为仁义。伤哉，孔孟之心也。吾非斯人之徒与，而谁与？千百余年后，濂洛关闽之学兴，庶几乎不绝之缕。若晦翁先生，则理学家亢宗之冢子也。其叙石鼓书院略云：前代庠序之教不修，士病于无所学，即今郡县之学宫，置博士学子员，皆未尝考德行道艺之素。其所授受又皆世俗之书，进取之举，使人见利而不见义。士之有志为己者，盖羞言之。是以，尝欲别求燕闲清旷之地，以共讲其所闻，而不可得。于是，往往择胜地，立精舍，以为群居讲习之所。而从政者乃或就而褒表之，若岳麓，若白鹿洞之类，是也。以三吴水湄之乡，霸气之余嚣凌诟谇之，习以为常，而可容易语此，渗以弦歌之化也乎？然而，学道爱人，当事者不啻三致意于兹土，既立之院，又置之田，又条规画，而照临之下，倘或犹罹重阴雨露之波，终然自甘枯槁，无乃自暴者不可与有言，自弃者不可与有为也耶？我为之凛凛，即平生渺学寡修，少独得之见，谨以其所闻于先贤之大概，与后学之条规，聊注仪则于后，以供君子采择焉。计开：

一、肃讲仪

先贤往矣。孤陋寡闻之士，少失师承，岂能一一读先贤之书，识先贤之行事。或者羹墙而见之，庶几见而问，问而思，思而求其所以道貌尊崇之故，而倘然有记乎？诵其诗，读其书，不知其人可乎之一语。或者梦中一觉，未必非善与利之分，则入谒初诚，或者有似乎若弗克见之想，是故其为规也宜肃。议定每入谒，必盥沐而进，齐集于仁文堂。每会，已时鸣钟五声，院赞二生导引齐入，肃仪澄虑，诣四先生神位前，唱排班，班齐揖，平身。如是揖者四，礼毕。初入会，谒者另出四拜，复导引出至仁文堂，东西分立，击鼓三声，各就班位，肃揖就坐。默坐少顷，院长先捧晦翁先生院规、象山先生喻义利章，或朗诵一过，或讨论一番，在坐者肃然倾听。复少顷，师友各随己意，以六经疑义互相问难。过木击鼓七声，执事者进茶饼，毕，一揖乃退。

二、酌期会

有虞氏未施信于民，而民信夫，犹言政也，况乎士也！而牧学之是期乎，可知期会者，不得已而为之者也。世朴而道存，则期会为乱道之媒，世衰而道丧，则期会亦反道之渐。三吴文胜之区，不患其文之漓，而患其质之衰也。仿古人社学之遗意，而有志丽泽之士，相与忠信切磋，琢磨其间，自不得不立期会，以收朋来之益。如白鹿洞岁以为常，如水西会于四仲，如东山于春秋二丁之日。总之，意不失古人举事，各随其地之所宜，以俟留心世教者斟酌而行之可焉。

三、严磨砺

书院之未立也，则立之难于虑始，书院之既立也，则立之难于成终。惟是学术之途，人品之往来不齐，既难以急迫求其是，又难以仓卒定其非。于是，有志之士，始有闭户扫轨，招之而不来者，而游浪者却以托名讲学，衣冠干进，甚至恨贫病以求济，借孝养而谋食，院田几何？能得日销月靡，虚此廪禄而少实益为也。议于博士弟之中，果有文行潜修，德业日进者，当事者廉得其状，优异一二，称为院长，以为来学者之倡，或亦挽回薄俗士风之微意。

四、广与进

真修实践之士，往往出于布素，如吴聘君、五心高其人者，故不尽由黉序中出，若必择其方类而取之，恐长林丰草间不免有遗贤，而亦何以风励？庶人之以修身为本者，是故，会讲之日，如或山林布衣，力行好修，但愿听讲，不妨与进。其怀私负戾，藉名干进者，一切摈斥之，无取焉。

——明万历三十二年（1604 年）

刘良璧：海东书院学规

书院之设，原以兴贤有才。台地僻处海表，数十年来，沐我圣天子涵濡教养之恩。人文蔚起,不殊内地。今提学杨公奏请特立书院,延请师儒,专为生童肄业,俾成人有德,小子有造,所有规矩如左,愿诸生遵守勿违。

——明大义

圣贤立教,不外纲常;而君臣之义为达道之首,所以扶持宇宙为尤重。台地僻处海表,自收入版图以来,秀者习诗书,朴者勤稼穑,而读书之士,知尊君亲上,则能谨守法度,体国奉公;醇儒名臣,由此以出。虽田夫野老有所观感而兴起,海外顽梗之风,何至复萌。

——端学则

程、董二先生云:"凡学于此者,必严朔望之仪,谨晨昏之令。""居处必恭,步立必正,视听必端,言语必谨,容貌必庄,衣冠必整,饮食必节,出入必省;读书必专一,写字必楷敬;几案必整齐,堂室必洁净;相呼必以齿,接见必有定;修业有余功,游艺有适性;使人庄以恕,而必专所听。"此《白

海东书院

鹿书院教条》与《鳌峰书院学规》并列工夫，最为切近。

——务实学

古之大儒，明礼达用，成己成物，皆由为诸生时明于内重、外轻，养成深重凝重气质，故出可以为国家效力宣猷，入亦不失为端方正直之士。家塾、党庠、术序，胥由此道也。诸生取法乎上，毋徒以帖括为工。

——崇经史

"六经"为学问根源，士不通经，则不明理。而史以记事，历代兴衰治乱之迹，亦胥在焉。舍经史而不务，虽诵时文千百篇，不足济事。

——正文体

自明以帖括取士，成、弘为上，隆、万次之，启、祯又次之。我朝文运昌明，名分巨篇。汗牛充栋，或兼收博采，或独宗一家。虽各随风气为转移。而理必程、朱，法则先止，不能易也。夫不仰泰山，误止狙猊之高；不穷典谟，妄夸诸子之陋。诸生取法宜正，立言无陂。

——慎交友

读书之士敬业乐群，原以讲究诗书，切磋有益。故君子以文会友，以友辅仁。若少年聚会，不以道义相规，而以媟亵相从，德何以进，业何以修？稂莠害嘉禾，不可不察。诸生洗心涤虑，毋蹈前习。

——清乾隆五年（1740年）

唐鉴：道乡书院学规

一曰立志

希圣希天全视乎此志，孔子曰："士志于道。"孟子曰："尚志。"士子束发入学，先当定其趋向。所趋远大，则其成也必远大；所趋卑陋，则终于卑陋，志岂可以不立哉？但初志或峻，而继焉怠，终焉忘者，则无以励之于后故也。日对诗书，取圣贤之言行以为步趋，闻严师益友之督责以加惩戒，奋勉向上之心不间于瞬息，是未有学而无成；成之未有不臻于远大者也。尔诸生手执简编，试思简编中所载何人？所书何事？读此何为？朝廷取士何用？则志之当立可知矣。

一曰勤学

《说命》曰："逊志务时敏，厥修乃来。"《记》曰："蛾子时术之。"盖言勤也。勤则不至于间断。无间断则诗书之漫灌，义理之涵濡，日入日深，及其后也，忘其为勤，而德纯且一矣。诸生每日温经几卷，读史几卷，于所读书得新知几处，于所不知者从先生问得几条，自立课程登记。每月逢三逢九作课文，必穷尽题中之理，以己意阐发之，取其真实，不贵浮华。诗则义本风雅，温柔敦厚，是其教也。若能随事讲求，始终不懈，何患德之不纯乎？

　　一曰敬师

　　《记》曰："师严然后道尊，道尊然后民知敬。"学敬之一字，学者彻始彻终之要诀也。而弟子之于师尤为敬之，自然流露而有所不容己者。于此而不敬，尚望其居恒之常存敬畏乎？夫肆本凶德，慢亦轻心，施之于言则取尤，见之于事则招祸，往往有一语不加谨，一步不加防而患随之，并终身之羞辱丛集焉，而莫得而解免者，是不可辨之不早也。是以君子戒谨恐惧于不睹不闻之地，尚且如临师何以为指视之特严，况身当师保之前，其为严惮宜何如也。立敬自长始，欲敬身者，自当先如敬师。

　　一曰择友

　　益者三友，损者三友，夫子言之详矣，学者守夫子之教，去损取益，其切磋琢磨为何如乎？而嗜好不绝于内，纷华不屏于外，动而相引，将有入于邪僻而不自知者矣。是贵立志以端趋向，勤学以励功修，敬师以持身心，而后所取皆正人，所与居皆严惮之士。有善相劝，有过相规，疑则可以共析，义则可以共趋，怠惰者相策免，勤慎者成知则效，则学之有成，未尝不系乎择友也。

——清道光初年

第三章

名院名人寻踪

名院寻踪部分主要是对历史上较为著名的书院进行介绍。事实上，在漫长的历史长河中曾经存在过的所有书院，无论其存在时间长短、也无论其规模大小，都为造就我国古代书院的辉煌留下了浓墨重彩的一笔。

名人寻踪部分勾勒了书院里一群为学术、为教育、为国家发展不懈追求的人物群像。从这些人物身上，我们可以体会传统知识分子"为天地立心，为生民立命，为往圣继绝学，为万世开太平"的至高人生境界。

第一节
中国著名书院寻踪

岳麓书院

　　岳麓书院是"宋初天下四院之首",坐落在历史文化名城长沙城西岳麓山麓。大江横前,碧波粼粼,林壑尤美、古树参天,一向以"泉涧盘绕,诸峰叠秀"的自然景色名扬四海。湖光山色之中,弥漫古朴、典雅、超凡之气,实为读书养性的好地方。历代常有名贤寄寓其中,如晋时陶侃建有"杉庵"。唐代马燧创建道林精舍,堂名四绝,有沈传师、裴休、宋之问、杜甫篇章,至五代马殷时尚有修建。唐末五代岳麓寺僧智璿等二人在此"割地建屋,以居士类""士得屋以居,得书以读",成为岳麓书院的前身。

　　书院占地面积21 000平方米,现在留存的建筑大部分为明清时期的遗物。仅仅就清朝以来,书院就培养出17 000余名学生,并培养了一代又一代杰出的历史人物和文化名人,其中有陶澍、魏源、曾国藩、左宗棠、郭嵩焘、唐才常、沈荩、杨昌济、程潜等历史知名人士。

　　北宋开宝九年(976年),潭州太守朱洞正式创建岳麓书院,初设讲堂5间,斋舍52间。咸平二年(999年),潭州太守李允则扩建,"揭以书楼,塑先师十哲之像,画七十二贤"。咸平四年(1001

岳麓书院

年）请下国子监经籍，时生徒 60 余人。从此岳麓书院讲学、藏书、供祀三个组成部分的规制正式形成，后来经过不断发展，逐渐成为一种十分稳定的制度，是书院特色的极大体现。大中祥符八年（1015 年），宋真宗闻山长周式办学的成绩十分杰出，便亲书"岳麓书院"匾额，赠对衣鞍马、内府经籍，此后岳麓书院便出现"鼓箧登堂相继不绝"的局面，岳麓书院即列四大书院之一。在大兴官学运动中，潭州仿三舍法，形成"潭州三学"体制。在"三学"中岳麓书院为培养高层次人才的最高学府。事实上，从北宋开始，岳麓书院便是湖南的高等教育基地。

南宋乾道元年（1165 年），刘珙任湖南安抚使知潭州，重建毁于战火的岳麓书院，对北宋时的建筑格局予以保留，并增建山斋为山长居处，置风雩亭，辟濯清池，咏归桥，梅柳堤等。特别聘请与朱熹、吕祖谦并称"东南三贤"的著名理学家张栻主教，一时群贤必至，人文荟萃，从学者人数达千人之多，为岳麓书院历史上所罕见。当时的士子们"以不卒业湖湘为恨"，以就学岳麓为荣。张栻主教岳麓八年，除广授门徒，著书立说外，还发展了由胡宏创立的、独树一帜的湖湘学体系，奠定了湖湘学派的规模。宋乾道三年（1167 年）朱熹闻张讲衡山五峰（胡宏）学，不惜跋山涉水，不远千里从福建到长沙，与张栻切磋学术，逗留两月。两先生在岳麓论学，就理学中一系列问题，诸如"中和、太极、仁德"等各抒己见，并大开讲坛。朱熹当时就是一名颇有名望的学者，来听讲的人很多，盛况空前，以至有"舆马之众，饮池水立涸"之记载。朱、张展开的"中和之辩"，首开不同学派自由讲学的先河。会讲对朱熹理学思想的形成和发展，对湖湘学的发展都产生了极为深远的影响。"朱张会讲"是岳麓书院史上的一件盛事，元代理学家吴澄说："自此之后，岳麓之为岳麓，非前之岳麓矣！地以人而重也。"绍熙五年（1194 年）朱熹任湖南安抚使时再兴岳麓书院教育，更建书院"于爽垲之地，规制一新焉"。岳麓书院经张栻、朱熹两位大师的治教，进入到了它的鼎盛时期，名扬天下，享有"潇湘洙泗"之誉。培养了一大批经世人才，仅《宋元学案》所列"岳麓诸儒"就有 33 人之多，如彭龟年、吴猎、赵方、游九言、游九功、胡大时等岳麓巨子，他们都是当时著名的抗金民族英雄。

嘉定十五年（1222 年）后，陈傅良、真德秀、欧阳守道等著名学者先后来书院讲学，从事儒学传播。他们推崇朱张，因而确立了朱张之学在岳麓的正宗地位。南宋末年（1276 年），元兵围攻长沙，岳麓诸生，荷戈登城，几乎全军覆没。湖湘弟子所表现出来的民族气节、爱国主义精神，反映了岳麓书院爱国主义传统教育的深刻影响，被后人称赞为"南轩（张栻）先生岳麓之教，身后不衰"。

岳麓书院在元代和明代几乎处于延续期，至元二十三年（1286年）潭州学政刘必太重修岳麓书院，恢复宋代旧观。延祐元年（1314年）潭州路判官刘安仁再次重修，"更彻而新"，"前礼殿，旁四斋，左诸贤祠，右百泉轩，后讲堂，堂之后阁曰尊经，阁之后亭曰极高明"（吴澄《重建岳麓书院记》）。元末书院遭兵毁。明代初期，政府对书院教育漠不关心，岳麓书院停教长达百年之久，直到明成化五年（1469年）长沙知府钱澍重修岳麓书院，弘治七年（1494年）长沙府通判陈钢再增建"诚明""敬一"二斋，并建崇道祠供祀朱熹、张栻，招收生徒，才将沉寂的状态一举改变。此后，明代修建频繁，志载达20多次。

岳麓书院的又一次大发展时期是在清代，200多年间修建更密，志载10次之多。康熙二十五年（1686年）湖南巡抚史丁思孔大规模修复书院，增建御书楼、文昌阁、自卑亭。两次上疏请赐书、额，聘请山长，生徒负笈来学者甚多。康熙二十六年（1687年），康熙帝御书"学达性天"额，乾隆九年（1744年）乾隆帝御书"道南正脉"，把岳麓书院提高到理学正宗地位，以褒扬岳麓传播朱张理学之功，岳麓书院学术地位又一次得到肯定。清代，岳麓书院成为全国很有影响的教育中心，其规模之宏大，规制之完备，培养人才之多，在其发展史上是前无古人，后无来者，并居于全国前列。在学术上也进入了另一个繁荣时期，主教者多为学术大师，如山长王文清，独治朴学，卓然为一代鸿儒；山长罗典、旷敏本、李文熠、王先谦等都是著名的汉学家。在他们的共同影响下，岳麓书院因有汉学之盛，还建成专习经史的湘水校经堂。岳麓学者虽力诋宋学之空疏，却没有走到名物训诂的极端。岳麓的汉学所取得的成就无疑是巨大的，仍是继承和发扬了湖湘学的经世致用的传统。"中兴将相，十九湖湘"，在道光、咸丰、同治年间涌现了一大批栋梁之材：著名的思想家魏源、改革家陶澍，中国第一个出使外国的大使郭嵩焘，办洋务兴实业的先驱曾国藩、左宗棠等，他们都曾对中国近代历史的进程产生过十分深远的影响。

晚清以后，中国面临着新与旧的交替，在这变革的关键时刻，岳麓书院针砭时弊，着意变通，实行教育改革，增添"新学"科目，倡导西学，注重时事，致使岳麓书院成为维新变革的活动基地之一。从1903年到1926年，岳麓书院完成了从古代书院到现代大学的变革，正式定名为湖南大学。在这一伟大变革时期，培养了一大批中国之栋梁，其中有变法志士唐才常、熊希龄、沈荩，民主革命先驱蔡锷、陈天华、程潜，著名教育家杨昌济、徐特立、范源濂，中国共产党早期领袖及政界名人蔡和森、何叔衡、邓中夏及众多著名学者等，他们在各个领域都成绩斐然。青年毛泽东也多次到岳麓书院活动，三次寓居半学斋（湖南大学筹备处），问学杨昌济，与蔡和森等从事革命活动，书院传统文化对青年毛泽东产生过相当重要的影响。

如今，岳麓书院已成为中国现存规模最大保存最完好的书院建筑群。

白鹿洞书院

白鹿洞书院坐落于江西庐山五老峰东南，地处九江市庐山区海会镇与星子县白鹿镇的交界处。它背靠庐山，面对鄱阳湖，与庐山著名的风景点三叠泉、五老峰、海会寺、观音桥、秀峰等连成一片。这里保存有庐山最为古老的原始森林和原生植被。这里三山夹岸，一水中通，"山林环合，草木秀润"，是个四面环山的小盆地，俯视如洞，因而得名。院前有小溪一道流贯全境，取孟子"吾道一以贯之"之意定名贯道溪。它发源于庐山五老峰之侧的凌霄峰顶。"溪由洞底而过，若阴阳鱼中线，地生灵气焉"。这里气候湿润，夏季凉爽，景色绮丽，环境幽静，是庐山自然景观和人文景观结合得最好的景区之一。

1. 唐至五代的白鹿洞

唐代中期以前，白鹿洞的名称还未曾出现。关于白鹿洞名称的由来，据历代院志记载和一般的说法是：唐代德宗贞元年间（785—805年）后期，河南洛阳学者李渤与其仲兄李涉在此隐居读书。朱熹在《延和殿奏事》中也提到："当时学者多从之游，遂立黉舍。"李渤养白鹿一头以自娱自乐，白鹿甚驯，颇通人性，出入随行，乃至独自前往星子县城为主人购得纸张笔墨和生活必需品，山民视以为奇，并尊称李渤为"白鹿先生""白鹿山人"。加上此处是个山丘环合、树木葱郁的河谷小盆地，周围隆起而中间低洼，像个朝天的洞穴，因此取名为白鹿洞。长庆元年（821年），李渤出任江州刺史，于是就在昔日隐居之所兴建台榭，遍植花木，使白鹿洞从此成为一处名胜，四方文人学子纷至沓来。

晚唐时，颜真卿裔孙颜翙曾率子侄30余人授经于白鹿洞，30余年进修不息，他们应该算是白鹿洞最早的老师。

五代南唐升元四年（940年），在白鹿洞建立庐山国学，白鹿洞从此开始了一个新时期。庐山国学的办学经验，如校址环境的选择，学田经费的筹措，洞主山长的选派，师生学问的切磋等对后来白鹿洞书院的建设产生过十分深远的影响。开宝九年（976年），宋军攻占江州，庐山国学结束，被宋初的白鹿洞书院所替代。

2. 宋元时期的白鹿洞书院

宋初，白鹿洞隶属江南东路江州德化县管辖。江州的地方人士在南唐庐山国学的旧址建起了一所学馆，当时人称"书堂"或"书院"，这是白鹿洞

白鹿洞书院

书院新的开始。

太平兴国二年（977年），江州知州周述将白鹿洞书院办学的情况向朝廷作了报告并恳请赐书。宋太宗赵光义从其所请，下令将国子监刻本《九经》等赐给书院并"驿送至洞"，供生徒研读。这在白鹿洞书院历史上尚属首次。由于书院得到了最高统治者的青睐，白鹿洞于是四海扬名，被列为宋初"四大书院"之一。五年（980年），白鹿洞洞主明起因讲学有功，"劝儒学，崇乡校"，被调任蔡州褒信县主簿。七年（982年），星子县又划归新建置的南康军管辖。

咸平四年（1001年），宋真宗赵恒下令给全国的学校、书院发给国子监印本经书和修缮孔子庙堂。五年（1002年），白鹿洞得到了维修，并塑孔子及其弟子像以供祭祀。

大中祥符初（1008年），宋真宗批准直史馆孙冕归隐白鹿洞以为养老处的请求，但孙冕还没有来得及从苏州知州住上动身就与世长辞了。后人将他的遗体埋葬在白鹿洞附近的山坡上，了却了老人临终的嘱托。

皇祐五年（1053年），孙冕的儿子、礼部郎中孙琛在白鹿洞建房十间，供弟子居住。对于前往求学的他乡士子供给膳食，孙琛名之为"白鹿洞书堂"。这时的南康知军郭祥正写了一篇《白鹿洞书堂记》并勒石留传，这是白鹿洞史上第一篇记文和碑刻。皇祐末年（1054年）春，书院在战争中被毁。熙宁间，陈舜俞与刘涣共游庐山。熙宁五年（1072年），陈作《庐山记》云："白鹿洞亦李渤读书处，今鞠成茂草。"其后，书院荒废了百余年之久。

南宋淳熙六年（1179年）三月，著名理学家、教育家朱熹以秘书郎权知南康军，亲临白鹿洞勘查北宋书院遗址，见这里环境清幽，山明水秀，"无市井之喧，有泉石之胜"，是个讲学著述的好地方，决意兴复白鹿洞书院。

朱熹一面派军学教授杨大法、星子县令王仲杰等筹措修复事宜，一面报告有司备案，请求支持。令人遗憾的是，向朝廷的奏章、计划、设想均杳无音讯，不仅没有得到当政者的支持，反以"朝野宣传以为怪事"遭到讽刺和嘲笑。但朱熹并未因此而气馁，他先给老友吕祖谦去函请为修复书院作记，又催促修复书院工程尽早完工。到第二年三月，白鹿洞书院修复告竣，朱熹亲率军、县官吏、贤达等赴白鹿洞，举行了开学庆典仪式，祭祀先圣先贤。自己也登台讲"中庸首章"，并赋诗以纪其成："重营旧馆喜初成，要共群贤听鹿鸣。三爵何妨尊萍藻，一编讵敢议诚明。深源定自闲中得，妙用原从乐处生。莫问无穷庵外事，此心聊与此山盟。"以此表达了对书院重修的欣喜和志向不改的决心。

朱熹重振白鹿洞书院，对其后世发展的作用是不言而喻的，白鹿洞也因朱熹的到来名噪一时，并流传千古。朱熹也因白鹿洞书院的复兴进一步丰富完善了他"致广大，尽精微，综罗百代"的理学体系。

3. 明代的白鹿洞书院

明初，白鹿洞书院在长达 80 年的时间里一直趋于荒废状态。正统元年（1436 年），翟溥福任南康知府。两年后，他重建了白鹿洞书院大成殿、大成门、先贤祠、明伦堂和其他建筑，奠定了明清以后的发展规模和基本格局。这次重建，历时四年完成，使白鹿洞书院之名"复闻于天下"。

嘉靖年间是明代白鹿洞书院发展的鼎盛期，学生多时有数百人。嘉靖后期对书院有所建树的还有不少，如高贲亨、刘世扬、王慎中、吴国伦、魏良器等，有讲学者，有赋诗者，有任山长、主洞者。高贲亨留下的《洞学十戒》影响最为深远，带有一定强制性。

天启五年（1625 年），宦首魏忠贤尽毁全国书院，白鹿洞书院名毁实存，其破坏性微乎其微。

崇祯初，南康府推官钱启忠疏请恢复被毁书院，白鹿洞再现盛况，生徒讲论不辍。

4. 清代的白鹿洞书院

明清交替之际，白鹿洞书院没有遭到大的破坏，也没有长期废止。

顺治四年（1647 年），南昌金声桓发起反清复明起义，原白鹿洞生徒吴江等聚众响应。七年（1650 年），聂应升与知府徐士仪等倡修书院，请李长春与建昌绅士熊德扬分别作《重兴白鹿洞书院记》和《重修白鹿洞书院礼圣殿记》。九年（1652 年），清世祖福临刊立《卧碑》于各地官学明伦堂内，其主要目的是进一步加强对官学、书院的控制和对士子思想的禁锢。十年（1653 年），巡抚蔡士英会同藩臬诸司陆续有计划地将鹅湖、友教、白鹭洲、白鹿洞四大书院加以恢复、整顿、聘师、开讲。在白鹿洞，蔡士英与李长春等人清查明代旧有田亩，倡增新田，制定规章条例，招生课试，聘请前代进士熊维典、前代拔贡何大良任教。熊、何两人顺治十四年（1657年）就职时，仍由府推官范初监督洞事。这种由府推官监督洞事的情况一直沿用至清朝末年。

康熙年间，白鹿洞因朝廷和地方官员的支持，屡有兴修、置田、清租、聘师、招生、讲学、购书、订规、题诗、祭祀、定考等举措，得到了很大程度的发展。

道光以后，白鹿洞的建设往往借助工商业的经济支援，而日常经费开支也由依靠地租转而依靠店息。这反映了社会关系的微妙变化和工商业经济对书院的影响。

晚清时，白鹿洞虽然日见衰败，但游览凭吊、发思古之幽情的却络绎不绝，诗歌唱和的也大有人在。李鸿章就曾在从军之余参观书院并留下诗章。陈立三等人合编的《庐山诗录》中也有不少是写白鹿洞的。

光绪二十七年（1901年），清政府下令改书院为学堂。白鹿洞书院停办，院舍、洞田归南康中学堂接管。宣统二年（1910年），在书院旧址建起了江西林业高等学堂。

辛亥革命后，这里曾遭到火灾，藏书、器皿付之一炬，均不复存在。1918年前后，康有为两次游览白鹿洞，在洞中发展孔教会宣传员并为白鹿洞书院题写横额。1919年，江西省省长戚杨支持星子知县吴品禹重修白鹿洞礼圣殿、宗儒祠等，用去银元2 300余元。1928年初，近代学者胡适在庐山进行为期三天的考察验证，提出了庐山三个主要文化景点（东林寺、白鹿洞、牯岭）代表三大趋势的结论，其中白鹿洞书院代表了中国近世700年宋学即理学发展的大趋势。1933年，蒋介石在庐山创办军官训练团，一度占用白鹿洞院舍作团部驻地、教官宿舍、军械库、伤员医院之用。1934年，广东臧某在书院创办高中长达两年之久。抗日战争时期，日军占领白鹿洞，合抱大树砍伐用作枕木和桥梁。抗战胜利后，蒋介石下达了白鹿洞划归南昌中正大学接收，作为永久校址用地的指令，但随着国民党的溃败，这一计划不了了之。

白鹿洞书院在建国后得到很好的保护、维修和利用。1954年，地方文教部门就派人四处搜集失散的碑刻集中陈列保管。1959年，书院又被省人民政府列为江西省重点文物保护单位。五六十年代，党和国家领导人刘少奇、周恩来、朱德、董必武以及越南国家主席胡志明等均到白鹿洞书院进行视察。80年代以来，这里专门成立了文物保护管理机构，国家和地方先后拨巨款进

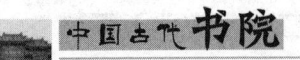

行全面维修。1988年列入全国重点文物保护单位，1990年划入庐山国家一级自然保护区范围，归庐山风景名胜区管理，1996年又成为庐山世界文化景观的主要景区。

知识链接

书院内的学术盛会

书院历史上记载较早的一次学术盛会，发生在南宋乾道年间。当时，朱熹有个问题没有搞清楚，于是他从福建崇安千里迢迢赶到了潭州（今长沙），目的是向在岳麓书院讲学的另一位理学大师张栻讨教。在湖南期间，朱熹与张栻就学术问题进行了广泛的交流，会讲的高峰期，曾经三昼夜不下讲坛。远近来听他们会讲的人不计其数，饮马池的水都被马喝干了。会讲期间，两位大师还写诗唱和，居然写出了149首诗。

嵩阳书院

嵩阳书院位于河南登封嵩山南麓。书院建于五代后周（951—960年），一开始称之为太乙书院，又名太室书院。嵩山是中国五岳之一，由于它的山势雄伟，在几百里之外的河南平原地带就能望见嵩山山脉连绵起伏。

嵩阳书院初建于北魏孝文帝太和八年（484年），名为嵩阳寺，是佛教活动的主要场所，僧徒多达数百人。隋炀帝大业年间（605—618年），改名为嵩阳观，为道教活动基地。宋仁宗景祐二年（1035年），又名为嵩阳书院，以后一直是历代名人讲授经典的教育场所。明末书院毁于兵火，历经元、明、清各代重修增建，在鼎盛时期有学田1750多亩，学生达数百人，藏书达2000多册。嵩山碑王——大唐碑，于唐天宝三年（744年）刻立，碑高9.02米，宽2.04米，厚1.05米，碑制宏大，雕刻精美，通篇碑文1078字，其碑文的主要内容是叙述嵩阳观道士为唐玄宗李隆基炼丹九转的故事。碑文字态端正，刚柔适度，笔法遒劲，是唐代书法的代表作品。大唐碑重80多吨，仅碑帽就有十多吨重，在古代，人们是怎样将这么重的碑帽盖上去的呢？在漫长的岁月里，只要是到过嵩阳书院的人都将情不自禁地有此疑问。

理学创始人程颢、程颐等先后以提举身份到嵩阳书院讲学，宣扬理学。宋朝著名学者范仲淹、司马光等也曾来此讲学。公元1127金兵南侵之后，儒家文化在金国难以存活，书院渐渐处于荒废状态，到元朝（1271—1368年）易名为嵩阳宫。直到明代嘉靖八年（1529年）才由登封知县侯泰在原

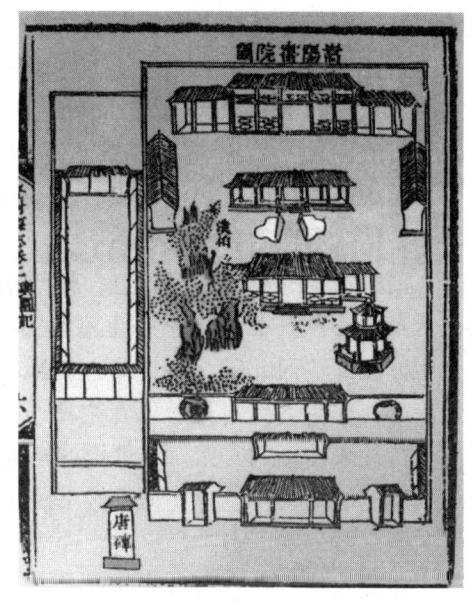

嵩阳书院图（清）

嵩阳书院遗址上重建，聘师聚徒，并建二程祠，祭祀程颢、程颐。当时，就学的学生中许多都成为了一代重臣。

明末书院再次毁于兵火，房舍无存。清康熙十三年（1674年）重建于故址东南。三年后登封名儒耿介因与权臣不合，以病辞归，回到嵩阳书院，致力兴学而扩建学舍，自己掏钱置买学田200亩，又带领弟子开垦荒地100亩。除了自己主讲，还请求知县张一起主讲，又相继聘请中州名儒到书院讲授程朱理学。嵩阳书院以继承孔孟之道为教育原则，四面八方士子纷至沓来，盛况空前。

清代末年，废除科举制度，书院改学堂，经历千余年的书院教育走完了它的历程。2009年，古老的嵩阳书院再次焕发青春，成立了郑州大学嵩阳书院。

莲池书院

古城保定，地处南北交通要道，向来有"京南重镇"之称，清代辟为京畿首府，直隶总督驻节于此，华盖云集，商贾雾涌，人文荟萃，逐渐演变为

一大繁华都会。莲池书院就坐落在这一都会的中心古莲花池中。

　　古莲花池与颐和园、拙政园、豫园等齐名，是我国十大历史名园之一。它由金末元初的私家园林雪香园演变而来，至今已有700余年的历史。明代辟为官府园林，号称"水鉴公署"，并以"莲漪夏滟"为名列入古城八景之中。园中茂树葱郁，碧波涟漪，清荷飘香，深得潇湘情趣，实在是鉴身、鉴心、怡情、养性的名胜之处。

　　清雍正十一年（1733年），朝廷诏令各地督抚建省城书院，以为地方文化教育中心。直隶总督李卫建莲池书院于古莲花池，作为京畿最高学府。院舍主体在莲池西北部，有讲堂、圣殿、魁阁、斋舍等建筑，另辟"南园"于东南部，作为诸生自修、研习之所。书院东侧，同时建有皇华馆，作为总督府接待往来使臣的宾馆。在这样的格局之下，就形成书院与使馆并列的局面，成为莲池的一大特色。作为京畿书院，莲池的规模是十分大的，合计门、堂、楼、阁、殿、廊、台、亭、斋、庑等房屋40余区。设山长一人主讲，提调官一人经理院务。在直隶各府州县择"沉潜学问"者肄业其中，岁取朝廷所赐帑银1 000两息金为生徒膏火。设官、斋课，以四书、五经、帖括试士，另开古课，以经史、策论试士，成就了众多杰出人才。

　　乾隆十年（1745年）起，为迎接皇帝巡幸，使馆扩建为行宫，园中大兴土木，设岛、叠山、移花、植木，环池各成景点，山水、楼台、亭榭、堂轩，错落参差，巧夺天工，形成由春午坡、花南研北草堂、万卷楼、高芬阁、笠亭（宛虹亭）、鹤柴、蕊藏精舍、藻咏楼、篇留洞、绎堂、寒绿轩、含沧亭组成的十二大景观，被人们亲切地称为"城市蓬莱"。乾隆二十六年（1761年），总督方观承命人分景绘图，请莲池书院山长张叙各题诗句，以《莲池十二景图》进呈乾隆皇帝，深得嘉赏。发展至此，莲池演成皇帝行宫与士人书院并列之局。乾隆皇帝本人对书院很重视，三次莅院视察，赐"绪式濂溪"匾悬于万卷楼，以理学规范莲池讲学。又赋诗一首："兹来阅诸生，颇觉知趣向。所期正学敦，讵夸词藻畅。处为传道器，出作经世匠。械朴方在兹，勖之毋或忘"，对此时院中的师生进行勉励。书院的影响在此得以淋漓尽致的体现。乾隆年间，先后主讲者有汪师韩、章学诚、祁韵士等，皆一时名流。

　　清代后期，尤其是光绪年间，莲池书院声名更盛，前后主院者黄彭年、张裕钊、吴汝纶，皆是一代名家。黄彭年扩建书院，设学古堂，将万卷楼划归书院，购藏图书30 000余卷；张裕钊倡导西学，接待外国访问学者，招收日本留学生；吴汝纶高扬桐城文学旗帜，开设东西文学堂，聘请外国教师开设英文、日文课程等等，皆开风气之先，轰动士林，享誉全国。

光绪二十六年（1900 年），德、法、英、意四国联军侵占保定，莲池珍藏文物被悉数劫掠而去，建筑也荡然无存。战后，虽有再造御苑、重建行宫之举，书院也经重修复学，但已无往昔辉煌。三十年（1904 年），书院改作校士馆，旋又改作文学馆。辛亥革命后，又改为师范学校附属小学，行宫则辟为公园。

如今，占地 24 000 平方米的古莲池已修竣一新，它以其行宫、书院合二为一，南北园林优点集于一体的特色，向人们展示中国传统文化的无尽魅力和造园神工的智慧之光。

睢阳书院

睢阳书院又称为应天府书院，前身为南都学舍，原址位于河南省商丘县城南，由五代后晋杨悫所创，并列中国四大书院之一。

宋初书院多设于山林胜地，惟应天府书院设于繁华闹市，历来人才辈出。靖康国难时（1126 年），金兵南侵，中原沦陷，应天府书院被毁，学子纷纷南迁，中国书院教育中心随之南移，应天府书院没落。历朝虽有人曾重修书院，但未能成功，今天应天府书院只剩下残存的建筑，供人瞻仰。

睢阳书院位于河南商丘，其创置历史可追溯至五代后晋（936—947 年）。当时虞城人杨悫乐为教育，建私学教授生徒，被称为南都学舍。他去世以后，学生们继续完成他未完成的事业，

睢阳书院

更大规模地筑室聚徒，称睢阳学舍，求学者不远千里而至。一直到了宋真宗即位之初（998 年），有位曹姓家族，出巨资在学舍旧址建书舍 150 余间，聚书 1500 卷，更大规模地招生，教学活动异常兴盛。后来主持书院的人觉得学舍由个人管理不可能有发展前途，于是请求官府管理，当时宋真宗皇帝答应了他的请求，并赐名"应天府书院"。这样一来，书院就取得了官学的地位，成为宋代较早的一所官方书院。在此期间，睢阳书院招收了日后扬名天下的大学者范仲淹，在以后的多年间，睢阳书院求学风习日盛，俨然成为中国中原地区一大学府。

东林书院

东林书院在江苏省无锡市老城区东门内，坐北朝南。南临七箭河，西邻苏家巷（今苏家弄），北靠箬叶巷。东林书院创建于北宋政和元年（1111 年），是知名学者杨时长期讲学的场所。杨时（1053—1135 年），字中立，号龟山，宋南剑州将乐（今福建南平市将乐）人。因他世居将乐县城北郊龟山之下，所以有学者称其为龟山先生。宋神宗熙宁九年（1076 年）进士，曾任徐州、虔州司法，荆州教授，浏阳、余杭、萧山知县。宋徽、钦二宗时，曾召为秘书郎，除右谏议大夫兼侍讲及徽猷阁直学士等。

杨时一生从不追名逐利，其主要活动是探求并传播理学。他先后拜程颢、程颐兄弟为师，研习理学，深得二程兄弟器重。杨时南归，程颢送之曰："吾道南矣。"这就是"道南"之说的由来。杨时学成南归后，大部分时间主要在我国东南地区游历讲学，"浮沉州县四十有七年"之久。其学脉传播与师承关系是：一传为福建罗从彦，二传为李侗，三传为理学集大成者朱熹。杨时与上述三位闽籍学者被称为"延平四贤"或"闽中四贤"。不仅如此，宋代胡宏、张栻等人亦曾学于杨时，其原委脉络皆得道南之传。

杨时是上承二程洛学、下开福建闽学的著名理学家，也是"道南"系理学传播大师和重要关键人物，被尊为"程氏正宗""洛闽中枢"。

南宋时期，杨时归老福建将乐故里后，无锡本地一些门人弟子为了缅怀他对传播理学的杰出贡献，在他讲学的东林书院遗址上建了杨时祠堂，以为纪念。

元至正十年（1350 年），僧月秋潭在东林书院遗址左偏处建有东林庵。

到明洪武初年，邑人宋子华在东林庵的基础上进一步扩大。明成化二十年（1484年），僧人信谅又加以重修。200余年间，其地沦为僧区。

明万历三十二年（1604年），以无锡顾宪成、高攀龙等人为首的一批学者，在朝中因言事被罢免官职后，回到家乡研究传统文化，一直以文会友，进行理学方面的探索。因讲学需要，所以积极上呈地方官府，请求在杨时讲学原址修复东林书院。经地方官府批准同意后，四月，东林书院的重新修复工程正式启动，修复工程由顾宪成仲兄顾自成亲自组织督理，至九月工程顺利告竣。

东林书院

明代经重新修复后的东林书院，共占地约16亩，其中基田6亩，院田10亩，都是顾宪成捐资所购。

明代东林书院建筑布局采用"左庙右学"形制，左边建有祭祀建筑——道南祠等，右边为讲学建筑。另外还有藏书及生活用房等。整座书院，粉墙碧瓦，石坊高耸，松柏苍翠，四季姹此嫣红，环境幽寂，是讲学的理想场所。

以顾宪成、高攀龙为首的一些知名学者，就在东林书院内聚徒讲学。他们亲自审订了东林会规与会约仪式。每年一大会，每月一小会，定期举行。《东林会约》主要由顾宪成参照朱熹《白鹿洞书院学规》拟定而成，另外稍有引申增补。要求学人要尊经、立志，明辨是非，分清学脉道统，纵论古今，弃旧图新，以有利于新学风的树立。

由于朝中激烈党争，进而迁怒累及东林书院。东林书院被严令限期全部拆毁后，全国各地大批东林党人士惨遭迫害，其社会影响波及范围大，株连甚众，而且由此引发国内多起重大民变。如武昌、山东、苏州、常州等地都曾先后发生，这就是震动明末中国史坛的迫害东林党人的重大事件。

明崇祯帝天启七年（1627年）即位后，立即对阉党严厉惩治，为东林蒙冤诸人平反昭雪。崇祯元年（1628年）二月，下诏提学官将各地书院宜表彰者尽行修复。崇祯二年（1629年），无锡吴桂森得到诏旨后，兴奋异常，独自捐资，在东林书院荒废旧址上首先恢复修建了丽泽堂三间，修复了院前门墙，题书院门额曰"东林精舍"。同时，于丽泽堂左侧建来复斋三间，作为自己燕息起居之地。在这样的情况下，使一度中断的东林讲学诸事又得以恢复。

清初，东林书院讲学修复仍在继续进行。其中主要学者、山长就是无锡高世泰。

东林书院经康熙、雍正、乾隆三朝多次修复后，其讲学、祭祀、藏书建筑及生活用房等与明代万历年间形制规模和原来院貌大体上一致。有些学舍斋室较明代还有增建，如时雨斋、寻乐处等均为清代新增建筑。

1947年，因东林书院祠宇年久失修，由吴敬恒、华文川、钱基博、钱基厚、顾宝琛、孙肇圻、裘维裕、唐文治等30人发起重修，集议恢复明清讲学旧观；并由杨郁初、顾希炯三人具体负责募集捐集事宜，对东林书院进行大规模治理。今日东林书院保存较为完整的建筑大都是此次修复完成的。

新中国成立后，人民政府对名胜古迹的修复工作十分重视。1956年，东林书院列为江苏省级文物保护单位。1983年，成立东林书院文物保管所负责开放、保护与管理。1994年，更名为东林书院文物管理处。1994年后被分别命名为无锡市及江苏省爱国主义教育基地。

石鼓书院

石鼓书院位于湖南衡阳蒸水与湘水交汇处的石鼓山上。石鼓山面积不大，就像一个石矶，两条河合流之中，林木郁郁苍苍，江水涛涛。原来山上有石鼓，因为江水隆隆，在石鼓上产生回声，石鼓不敲便能发出鼓声，因此命名为石鼓山。

山上有许多历代的崖刻，还有很多诗文。唐朝元和中（806—820年）秀才李宽中在山上结庐读书。他去世后，他的族人、后代在故址上置建书院，开门办学，宋仁宗皇帝赐给学田及"石鼓书院"院额。从那时起，书院改为州学，与睢阳、白鹿、岳麓并称为"四大书院"。很长一段时间以来，石鼓书院待四方有志于学者居之，书院重修时请大学者朱熹作文章纪念。朱熹在文中告诫学生勿为科举功名所乱，要"辨明义利，有志于为己之学"。历史上曾有一位叫戴溪的著名学者任山长,他与学生们研讨孔子的《论语》,师生留下了《石鼓论语问答》史料,影响深远。20 世纪 30—40 年代中国人民抗日战争中,书院在战火中遭到毁弃,现在遗址建成石鼓公园,明清碑刻诗文、治学格言和"朱陵洞"等摩崖石刻至今保存尚好。

武夷精舍

武夷精舍,通常又称为武夷书院、紫阳书院,在福建省武夷山市武夷山风景名胜区中部的隐屏峰麓。书院始建于南宋淳熙十年(1183 年),为南宋理学家朱熹所建。初建规模为一组小建筑群落,布局有主屋三楹,中为"仁智堂",是师生授课之所;左名"隐求堂",为朱熹本人起居室;右名"止宿寮",作为接待宾朋居住的客室。在主屋左侧,有一地势幽深的山坞,坞口垒石为门,名"石门坞",坞中建"观善斋"和"寒栖馆","观善斋"供前来求学的士子群居;"寒栖馆"则用作接待道流来访的专用场所。另在"观善斋"前左右各建"晚对亭"和"铁笛亭"一座,以供生徒和来宾在课余时间小憩。这组建筑,当时在武夷山中,可称得上是"武夷之巨观"。

"武夷精舍"是朱熹在福建创办的书院中影响比较深远的一所。书院创办前,早在淳熙五年(1178 年)初秋,他与妹夫刘彦集、隐士刘甫共游武夷时,见到九曲溪的旋绕曲折、隐屏峰的云气流畅,顿觉耳目一新,神清气爽,即萌发出"眷焉此家山"和"仙人久相招,授我黄素书,赠我双琼瑶,茅茨几时建,自此遣纷嚣"的念头。淳熙十年(1183 年)他在浙东奏劾唐仲友受挫,愤归武夷,于是开始动工修建这座书院。

从此之后,他在此广收门徒,四方来学者达 200 余人。他在这所书院中讲学著书时达十年,培养了一批又一批杰出人才,较有影响的如黄幹、陈淳、蔡元定、游九言、蔡沈、詹体仁、刘爚、李闳祖、李方子、叶味道、真德秀等。

朱熹逝世后,其子朱在、孙朱鉴对这所书院进一步扩大,朝廷官府对此也颇为重视。淳祐四年(1244 年)朝廷敕崇安县知县陈樵子进行扩建,改名为"紫阳书院"。由官方拨给公田。明正德十三年(1448 年)巡按御史周鹏清、军御史周震及金事万乾元协力筹划,檄令县令王和重修,辟地百余丈,绕以墙垣,前树牌坊,匾曰"武夷书院"。沿牌坊再建"高明楼"五楹,正中大堂亦增为五楹、两庑各增建六间堂斋。整个建筑群落高雅华美，同时置田百亩作为修缮费用。旁边再建平屋数间，择朱熹后裔一人世居管理。明万历间，福建长乐人、少司马陈省（1529—1612年）解囊修葺。明崇祯末年（1644年）黄门陈履贞捐资修葺。清顺治十六年（1659年）崇安县令韩士望再予修饰，第二年春天，大风拔木，书院被毁，仅存二门。清康熙二十六年（1687年）官方出资重建，康熙御笔亲书"学达性天"匾额，并以此颁行天下学宫。康熙五十四年（1715年）冬，文渊阁大学士、理学家李光地（1642—1718年）告假南归，绕道武夷参拜朱子遗迹，觉得书院的构造不是很令人满意，与福建、浙江总督觉罗满保合议捐俸倡修，得到支持，于是"就欹者扶之，废者新之，又从而增益补缀之"。此后直至1952年，驻军在五曲建疗养院于书院旧址，拆除了"寒栖馆""止宿寮""观善斋""武夷精舍"以及两座凉亭，仅存精舍的两侧厢房。1981年5月，福建省政府决定将疗养院搬迁，遗址由武夷山风景区管理。1992年列为市级文物保护单位。1999年12月列入《世界文化遗产名录》。

九峰书院

九峰书院，始称为牧堂、南山书堂，后来改名为咏归堂、咏归精舍，最后扩建为九峰书院。书院位于福建省武夷山风景名胜区南郊的太极岩东麓、兜鍪峰之后。始建于南宋初（约1137—1138年），创始人是蔡发。书院现仅存遗址，属市级文物保护单位，归武夷山风景名胜区管理，1999年12月列入《世界文化遗产名录》。

书院始为蔡发构建的私塾，其目的是为培育其子蔡元定并为己著书隐居的场所，称为牧堂。蔡发（1110—1149年）字神与，南宋学者。原籍福建建阳县人，学识渊博，对易学、天文、地理均通，一生淡泊名利，不愿做官，中年建"牧堂"于九曲溪南一曲之阳，购田置地，"杜门绝迹，专以读书教子为事"。其子蔡元定（1135—1198年）在此开始启蒙。元定天资聪颖，八岁能文能诗，十岁其父即教读《西铭》，稍长，则示以程氏《语录》、邵氏《经世》、张氏《正蒙》等书。及长，凡天文、地理、礼乐、兵制、度数辩析益精。元定14岁时，蔡发去世。将逝时，曾嘱其子从朱熹学。元定谨遵父命，往从朱熹的同时，闲暇即回"牧堂"自学。

九峰书院旧址

南宋庆元二年（1196年），"伪学"祸起，元定被祸流放湖南春陵（今湖南宁远）。庆元四年（1198年）元定在春陵逝世，其三子蔡沈扶柩归葬，与其兄蔡渊就"牧堂"原址修缮扩建，改名为"南山书堂"，延请名流聚徒讲学，置田产供以师生费用，四方来学者人数众多。蔡沈亦在此完成其《洪范》和《尚书》的撰集任务。

南宋嘉熙三年（1239年），蔡沈次子蔡抗当时担任浙东提刑。他为祭祀先祖，又在"南山书堂"旧址上扩充舍宇构筑书院，更名为"咏归精舍"，后又名"九峰书院"（九峰即蔡沈之号），再置田产以供学用。明代中叶，书院破落。蔡沈十世孙蔡珙，想要在原来的基础上进一步扩大，正德八年（1513年）开始筹划，至正德十一年（1516年）八月大功告成。规模为：中堂三间，以奉先祖神像；傍庑各数楹，左以延宾止之客，右以子孙居守焉。前门额曰"九峰书院"，拨官田若干，以佐岁时祭祀之需，岁编门役以守。

"九峰书院"虽到现在只有遗址残存下来，但这里的风光景色却让人极为留恋。元人郑纪《谒九峰书院》诗曰："九峰何处是，一曲向溪浔。盘礴西山远，渊源云谷深。草堂分皓月，松径接清明。千载双岩鹤，寥寥此日音。"

象山书院

象山书院位于江西信州（今属贵溪），一开始名叫天山精舍，又名象山书堂。南宋时期大学者陆九渊曾在此讲学，天下学者纷至沓来，结庐而居，相与讲习，前后五年，学生多达数千人。南宋光宗绍熙二年（1191年），陆九渊赴荆门军任职，嘱咐他的学生傅季鲁到山上讲学。后因交通不便，朝廷曾将书院迁建到县城外之三峰山徐岩。象山书院几经波折，直到清朝将书院迁至县城东重建，近代又因战祸，破坏更为严重，即使如此，它的影响却一直存在。在宋、明时期，学生中进士的有200余人。南宋嘉定至淳熙44年间，就有11人中进士。著名的学者，如明嘉庆年间有被誉为"精忠贯日月，芳誉溢乡间"的宰相夏言，"一介不取，一介不予"的应天礼经考官江以朝，还有为民兴利除弊的水利专家徐九思、徐贵明父子等，他们都是象山书院的杰出代表。

龙江书院

龙江书院坐落于江西省宁冈县城龙市西北的龙江河下游，建筑面积2000多平方米，占地面积5 000多平方米。书院坐西朝东，背靠五虎岭，面对龙江河，中轴线与五虎山的中心点和龙江河对岸的金线吊葫芦河滩全线相交，纵深为前后三进，面阔左右三栋。大门门首悬挂"龙江书院"黑漆描金木匾，中厅"明道堂"为授课场所，后进"文星阁"可登高远眺，依次以天井相接。左右回廊与南北厢房连通，分设锦心斋、启秀斋、崇义祠、报功祠、珍席斋、步月斋、梯云斋、漱芳斋等，各祠斋名开宗明义，妙趣天成。书院前用麻石条砌置泮池，辟"状元桥"拱跨其上。整座书院的建筑风格呈民族式，雕栏画栋，悬檐翘角，宇内九井十八厅，回廊曲径相通；文星阁高达三层，斗拱挑檐，登楼远眺，无限风光尽收眼底，阁顶藻井饰双龙戏珠浮雕，栩栩如生。

龙江书院始建于清道光二十年（1840年）春，完工于癸卯（1843年）之秋，探究它的历史，有着特殊的过程。第一，它是湘赣边界土、客两籍矛盾的产物。在当时，宁冈居民分为土籍、客籍两大族群，土籍已有巽峰书院、鹅峰书院、联奎书院，于是，宁冈、湖南郴县（今炎陵）、茶陵三县客籍豪绅共同商议，并择址宁冈龙市，建造龙江书院，为三县客籍子弟的最高学府。他们认为此地风水极佳，五虎岭雄峙其后，风景优美，院址地势开阔，背山面河，呈"五马归槽"之势，将来能够孕将育相。第二，得到了当时的县知事杨晓昀、戴晴初的支持。三是蒙三县客籍山民慷慨解囊。据《龙江书院尚义录》记载，建设龙江书院时，三县客籍山民共乐输田百余亩，谷量计1 000担以上。最多者一石余，少则一斗。出于耕作放租等方面的考虑乐输田者主要为宁冈客籍山民，湖南郴县、茶陵两县乐输山民则以乐输缘钱为主。

龙江书院与现今民办形式的学校十分类似，制订了一整套严格的管理制度。这从传世的《书院章程》可看出。《章程》计有20条，对掌教山长、坐局绅士、起闭馆时间、课程（官课、师课）、生员录取比例、生员录取条件、生员膏伙补贴标准、田租管理、书院事务、县宪官绅莅院考课等，都有十分详细的规定。对院中所设的报功祠，规定是每年谒祭帝君之处，"必有实心培养嘉惠士林者方许附祀"，崇义祠必须是"捐六斗以上者方许附祀"，对已乐输田者，规定"子孙永远考课，肄业无异"，对未捐田者的贫乏人家，则强调"日后家业增盛，准其量力捐输"，"一体同仁"。这种鼓励助学的做法，在当时来说是十分难得的。

龙江书院开办后，"士之负籍肄业者，咸视馆如归焉"。它仿州序党库之遗法，远效鹿洞、鹅湖、岳麓、嵩阳四大书院，近学鹭州书院，进行严格治学，并定期派出在院生员赴鹭州、豫章等书院学习，培养了一大批杰出人才，其影响十分深远。

龙江书院与全国其他书院一样，至辛亥革命后逐渐废除旧学，推行新学，民国时改为县立第二小学。

今天的龙江书院已开辟为井冈山革命遗址的重要参观地。1961年3月国务院已将它列为全国重点文物保护单位。由于井冈山会师纪念馆、井冈山根据地烈士陵园紧挨龙江书院左右侧，书院内附以"工农革命军军官教导队"和"朱德毛泽东第一次会见"两个重要事件的陈列，来龙江书院参观的客人络绎不绝。旧时景观与现实意义融为一体，龙江书院成为名副其实的教育基地，从而名扬四海，声名远播。

丽泽书院

　　丽泽书院位于浙江金华，原来名叫丽泽堂，也叫丽泽书堂，为南宋著名教育家吕祖谦（1137—1181年）讲学会友之所。"丽泽"取名于古代名著《周易》："丽泽，兑。君子以朋友讲习。"意思是说两条水流交汇就像君子朋友通过讲会而交流知识、学说。在一开始建院的时候这一讲学场所是借的官屋。后吕祖谦将此屋归还官府，另置新居于城的北角。宋孝宗乾道、淳熙时期（1163—1189年），吕祖谦与另外两位大学者开创了南宋浙东学派。除了在丽泽书堂教授生徒、著书立说外，还为丽泽书堂制订了学规，并以"孝悌、忠信、明理、躬行"为基本准则，学生中如有"亲在别居、亲没不葬、因丧婚聚、宗族讼财、侵犯公财、喧噪场屋、游荡不检"等行为者，即令其退学。他还为书堂编著了《东莱左氏博议》（二十五卷）、《近思录》（十四卷）等教材。书院以"讲求经旨，明理躬行"为基本宗旨。教学采用个别钻研、相互问答与集众讲解相结合的方法，一时丽泽书院之间，互相研讨，互相切磋的

丽泽书院

风气大为流行。书院每月授课 2~3 次，一年举行一次考试。丽泽书院不仅是金华学派的发祥地和培养人才的基地，除此之外，有许多弟子把丽泽之学传播于各地，这对新学派的发展是极为有利的。

至明末，丽泽书院终因遭兵燹而毁。自南宋始建丽泽书堂算起，历经元明，丽泽书院共存 478 年。

鹅湖书院

宋代以来，江西的书院数量极为繁多，其中又以"白鹿"与"鹅湖"最为著名。明代大学士李奎曾经写道："大江以西古称文献之邦，书院之建不知有几，惟鹅湖之名与白鹿并称于天下。"

鹅湖书院坐落在江西省铅山县鹅湖镇鹅湖村，距县城河口镇东南 30 里的鹅湖山北麓。晚唐王驾有诗曰"鹅湖山下稻粱肥，豚栅鸡栖半掩扉。桑柘影斜春社散，家家扶得醉人归"，诗中描写的就是这一带富庶恬适的田园风情。从鹅湖镇驻地的江村，沿闽赣公路南行 1 公里处，有乡村公路东行通鹅湖村，前行 3 公里处便是书院。村庄、书院、阡陌、溪流、小桥、水碓、林木、柴扉，参差错落地在田畈上分布着。

书院建筑群整体坐南朝北，分布在山南的渐升台地上，占地 8 000 多平方米。前方，北偏西有狮山，背靠虎山，左旁西偏南有龙山，右边东偏南是象山。龙、虎、狮、象拱卫四周，仿佛是守备森严的士兵将这一胜地守卫。书院东侧现在建有小学，书声琅琅，一派生机。那沟通信州、铅山、福建武夷的古驿道依然还在，道旁的鹅湖寺却仅为陈迹了。

唐代大历中（766—779 年），佛教禅宗马祖道一弟子大义禅师（748—818 年）在鹅湖山上开创了鹅湖峰顶寺，即鹅湖峰顶禅院。北宋咸平年间（998—1003 年）赐名"慈济禅院"。

继大义之后的名僧智孚禅师，力移峰顶之舍，建鹅湖仁寿寺于山麓驿道旁（今鹅湖书院东侧）。宋真宗景德四年（1007 年），赐名"仁寿寺"。民间俗称鹅湖寺。

鹅湖书院在 800 年左右的时间里历尽沧桑，饱经忧患。

南宋淳熙二年（1175 年）春末夏初，第一次"鹅湖之会"发生在鹅湖寺——朱、吕、二陆四贤论辩。

淳熙十五年（1188年）冬天，第二次"鹅湖之会"——辛弃疾、陈亮"瓢泉共酌，鹅湖同憩，长歌相答，极论世事，逗留弥旬"。

四贤先后逝世，理学备受推崇。他们的后学、门徒在鹅湖寺西侧建起了"四贤祠"。在此期间，置备整套祭器，供奉着四贤的牌位，这就是"存神过化"现象。

嘉定元年（1208年）前后，朱熹门徒徐子融，在鹅湖寺旁"斩艾蓬蒿葺茅屋"，聚徒讲学。

绍定年间（1228—1233年），朱子门徒陈文蔚及其门人徐元杰，"聚徒讲学鹅湖，以斯文自任"。

淳祐十年（1250年），江西提刑蔡抗视察信州，参观了鹅湖之会旧址，奏请朝廷为四贤祠赐名。朝廷赐名为"文宗书院"。可惜的是，书院在宋朝末年毁于战火中。

元朝初年（1271年以后）文宗书院自山麓迁至旧县治（今铅山县水平镇）西北隅。元廷设山长、直学主持书院。至元二十九年（1292年）铅山县升为州，称铅山州，隶属浙江行中书省。至大年间（1308—1311年），知州

鹅湖书院

杨汝励在鹅湖寺旁重建四贤祠。元皇庆二年（1313年），州守窦汝舟下车之初，拜谒书院，见旧讲堂废，锐意新之，建会元堂。当时山长黄谦，直学吴师道。

明朝洪武二年（1369年），铅山州降为县，隶属广信府。洪武四年（1371年），广信府改隶江西行中书省。景泰四年（1453年）春，广信府知府姚堂巡视属地，经过鹅湖书院湖，只见书院仅存朽柱一楹，感慨万千，萌发了修复的念头。适逢巡抚韩雍到广信府视察，韩雍赞赏姚堂的意见，称兴复书院之举为盛举。于是，在宋代旧址基础上重建。前建祠堂，后建寝室，两旁配以廊庑。堂前又构楼宇，又凿泮池。很快，书院焕然一新，大门口题匾为鹅湖书院。

弘治年间（1488—1505年），书院曾经被迁往鹅湖峰顶山上。明正德六年（1511年），时任江西提学副使的李梦阳，见山上地势异常险峻，书院房舍均遭到很大破坏，人迹罕至，便在山下寻见原址，命当时的县令秦礼修复书院。秦礼筹措资金、劳力，在旧址上重建正堂五楹，外门三楹，并于泮池前立石坊一座，这些都遗存至今。石牌坊前额匾书写"斯文宗主"，石坊的后额匾书"继往开来"。重建后的书院，仍以"文宗书院"匾名。

万历初年，张居正（1525—1582年）废天下书院，鹅湖书院也未能幸免。经当地士绅再三请求，仅保留四贤祠。张居正死后不久，书院随即恢复。县令陈公映、翰林院编修刘日宁、知县唐应诏、太史刘云峤等人先后修缮书院。

天启初年，阉党窃权。东林党人聚会东林书院，反宦官的斗争激怒了阉党。天启五年（1625年）八月份下诏：毁天下书院。鹅湖书院又一次面临被拆毁的命运。铅山诸多方面人士愤然斗争，四贤祠不毁。

崇祯末年（约1644年），翰林院编修杨延麟，率本地进士胡梦泰、鹅湖乡绅查懋夔、查应章等捐资重修，并且设法恢复了书院以前原有的租田山林权属。

后来随着明朝的覆亡，书院也随之荒废下来。

清朝初年，鹅湖与白鹿洞、白鹭洲、友教等书院齐名，并称江西四大书院。顺治四年（1647年），江西巡抚蔡士英去福建时从鹅湖经过，眼见书院情景，就萌发修复的念头。九年（1652年），他率先捐资，并号召府、县捐赠。乡绅查邦畿等积极响应。书院在他的努力下得以重建。以后有清各代均进行了不同程度的修缮。

光绪末年（约1902年），废科举，兴学堂，鹅湖书院亦改为鹅湖师范学堂。从此，"书院"这个词退出人们的视线。

宣统末年在此曾开办鹅湖讲学所，春秋各开讲一次。后来，书院财产由铅山县劝学所接收。

1988年5月，设立鹅湖书院文物保护管理所，隶属县文化局。2006年5月25日，鹅湖书院作为明至清时期古建筑，被国务院批准列入第六批全国重点文物保护单位名单。书院自南宋至清代，800多年来，几次兵毁，又几次重建。其中以公元1717年（清代康熙五十六年）整修和扩建工程规模最大：新筑山门、牌坊、大堂、浮池、拱桥、碑亭、御书楼；两侧更修建厢房数十间，作为士子读书之所。康熙皇帝还为御书楼题字作对，门额题为"穷理居敬"，联语为"章岩月朗中天镜，石井波分太极泉"。至今牌坊、泮池、后殿、厢房等建筑保留尚完好；泮池两侧的厢房内，尚存明、清两代古碑13块，是研究这座书院历史的珍贵资料。书院历经数百年的沧桑，风貌依旧，格局完整，原状留存，是天下名书院实物遗存中，得以完整原貌保存至今的一处。院内占地面积8000平方米，设有《鹅湖之会与鹅湖书院》《辛弃疾与铅山》等固定的展览、陈列。

知识链接

邮票上的古代书院

我国书院历史悠久，起源于唐代，兴盛于宋，是私人或官府所设的聚徒讲授、研究学问的场所，也是名流学者讲经论道之所和文人学士的向往之地，为宏扬中华传统文化发挥了重要作用。我国邮政部门先后发行过两套古代书院专题邮票。1998年4月，我国发行《古代书院》邮票一套4枚，由杨文清、李德福设计，邮票图案取材于北宋四大书院，分别为应天书院、嵩阳书院、岳麓书院、白鹿书院。设计者采用高清晰度扫描制版工艺，层次细腻清楚，体现出一种书院特有的宁静安详、古朴典雅的书卷气息。2009年11月，我国又发行《古代书院（二）》特种邮票一套4枚，分别为：安定书院、石鼓书院、鹅湖书院和东坡书院，由著名书画家、南开大学教授范曾和著名画家邹玉利联袂设计。邮票图案以国画的形式，呈现出古色古香、儒雅秀美的大气格调。图中，唐、宋时期的文人大家韩愈、胡瑗、陆九渊、朱熹、苏东坡等人的肖像神态、动作各异，跃然纸上，与四大书院的古朴建筑交相辉映、相得益彰。

广雅书院

广雅书院坐落于广东省广州市荔湾区西村。其地连山盘行其东，北江环绕其西，"林木葱郁，高山大河，左回右旋，雄秀宽博"，是羊城的一大名胜之地。清光绪十三年（1887年），两广总督张之洞率广东、广西两省巡抚，学政奏建，取"广者大也，雅者正也"之意，命名广雅书院，招广东、广西两省人士各百名肄业其中。

广雅书院院舍分为四进，前座是山长楼——院长办公室，二进是礼堂，三进有讲堂三间，称为无邪堂——院长讲课处，四进有两层，下为会客室，上为藏书阁，称为冠冕楼。上述是校园中轴线建筑物，两厢有东西斋舍各100间，为学生宿舍。另有清传堂、蝙蝠厅、莲韬馆、濂溪祠、岭学祠、校径堂等建筑。另设广雅书局，前后刻书5 000余卷。园内有莲池、亭榭、石桥、行径、假山，相映成趣。四周形成沟渠，沟渠周围大量种植树林。

张之洞为培养"济时用"的人才，不仅仅致力于创建广雅书院，还从各方面进行改革，具有独创性，其影响是很大的。

张之洞延聘第一、二任山长分别为梁鼎芬和朱一新。梁是进士出身，中法战争时弹劾李鸿章"贪庸误国"，反遭追论为"妄劾"，降五级。张认为梁有才学、有胆识，还因为梁不是两广之人，符合张"专延他省之人，不延两

广雅书院

粤之人……不致各存乡里之见，于师弟之间，尤征沆瀣"，这一延聘山长的主张，故被张选中。朱一新，进士出身，与梁鼎芬的境遇十分相似。因弹劾李连英，被慈禧诘责罢黜。张之洞赏识其学问道德与风节，亲自延聘他接替梁鼎芬。张之洞对延聘教师的要求是必须"延聘品行谨严，学术雅正之儒……不得徇情滥荐"。对学生的挑选也是极为严格的，限额广东广西各百人。挑选办法：一种是由张之洞亲自出题，发给各府州县。"试以文字数首，其出色者，即可调取入院"；另一种是请广东广西两省学政就该省"才志可造之士，甄选咨送"。如此一来，就能让两广地区的杰出人才都在广雅书院会聚。

清代书院，就其活动内容而言，可分为考课式、讲学式、祭祀式、教学研究式等四种。从广雅书院的办学目的、课程设置等看，它应属于第四种，但是又有新的突破。张之洞认为，广雅书院应"均酌照学堂办法，严立学规，改定课程，一洗帖括词章之习，惟以选真才济时用为要归"。书院的课程设置分经学、史学、理学和经济学四门专业，学生可根据自己的专长、爱好、自行选学一门专业。对各专业的教学内容，均引入声、光、化、电等近代自然科学。从上述内容不难看出，是"不课举业"的。广雅学生"三年学成甄别，以定去留，学不进者开除"。

广雅书院首次开学典礼，张之洞亲自参加，平时"公余之暇，间诣书院"，对学生"考业稽疑，时加训勉"。直到他离任之后，他还手定广雅书院季课章程。

广雅书院属高等学府，官课由官方主持，山长由总督延聘，跨省招生，它与湖北的两湖书院并称为清末两大书院。20世纪初，广雅书院和湖北的自强学堂、两湖书院、上海的南洋公学并称为全国四大学府。

民主革命运动在20世纪初期蓬勃发展。清政府迫于形势，颁诏"立停科举，以广学校"。光绪二十八年（1902年），两广总督陶模改为广东省大学堂，委任广东试用道姚文倬为大学堂总理。1912年，废高等学制，改为中学，先名省立第一中学，后改名广雅中学。

如今，由广雅书院演变而成的省级重点中学——广东广雅中学，校园的布局和建筑，保存着民族风格和园林特色。处处有古树名木，处处有碑林石刻，已被列为市政府保护的古树就有15株，这些古树名木都是当年张之洞聘请东洋人用机器从外地移企株大树来进行栽种的。广雅书院时期的石刻现仍保存12块。

第二节
中国书院名人

中国书院名人部分勾勒了书院里一群为学术、为教育、为国家发展不懈追求的人物群像。从这些人物身上，我们看到了传统知识分子"为天地立心，为生民立命，为往圣继绝学，为万世开太平"的至高人生境界。

张说与集贤书院

集贤书院作为唐代集搜书、校书、写书、藏书等文化活动于一体的官方

集贤书院门楼

文化机构,群贤必至,英才荟萃,其中最著名的当数十八学士,他们是张说、徐坚、贺知章、赵冬曦、冯朝隐、康子元、侯行果、韦述、敬会真、赵玄默、毋煚、吕向、咸廙业、李子钊、东方颢、陆去泰、馀钦、孙季良。开元十八学士由玄宗皇帝钦赐,并于上阳宫食象亭命董萼画十八学士像,记录所有十八学士的姓名、表字、爵位、籍贯等。玄宗时期的这十八学士一般称为开元十八学士,后来由于他们都曾任集贤院学士或直学士,因此常常又被称为集贤十八学士。其中以张说最为著名。

张说(667—730年)是玄宗朝乃至整个唐朝都说得上的数一数二的人物,四朝为官,三起三落,三次为相,掌文学之任三十年,留下文集三十卷,成为开元前期一代文宗。新旧唐书均以较长篇幅著"张说传"。

作为一代文宗,《旧唐书·张说传》给张说的评价是:"为文俊丽,用思精密,朝廷大手笔,皆特承中旨撰述,天下词人,成讽诵之。尤长于碑文、墓志,当代无能及者。"

张说对书院事务是异常关心的,而且对后生晚辈也十分提携,使得集贤书院名副其实,集贤聚能,人文荟萃,成为开元盛世的一道亮丽风景。唐玄宗经过开元前几年的励精图治,稳朝政,靖边患,国家的太平景象也逐渐显现出来。而唐玄宗本来就喜附庸风雅，与文人墨客诗词唱和。于是，玄宗打算偃武修文，以文治国，彰显歌舞升平的盛世景象，这与张说希望在文化领域成就一番事业的想法不谋而合。唐玄宗开办了丽正书院，修撰文化典籍。张说以宰相身份知院事，担任了书院的最高领导。张说本质上是个文人，所以，对书院的文化工作很负责、执着，且不计名利。有三件小事足以说明此点。

第一件事是力驳陆坚的罢书院学士提议。唐玄宗对刚刚设立的丽正书院特别重视，让张说全面负责，而且令有司供给优厚。中书舍人陆坚对此很不以为然，认为"无益于国，徒为縻费"，提出遣散学士，悉数罢除。张说对此据理力争，提出："自古帝王于国家无事之时，莫不崇宫室，广声色。今天子独延礼文儒一发挥典籍，所益者大，所损者微。陆子之言，何不达也！"张说此言，正好符合唐玄宗的心意，不仅保住了书院及书院的优厚待遇，而且张说本人更加博得了玄宗的信任。

第二件事是张说力辞大学士之称谓。开元十三年（725年），唐玄宗将集仙殿改为集贤殿，将丽正书院改为集贤书院时，赐封五品以上为学士，六品以下为直学士。为体现皇帝的垂爱和张说在书院的领导地位，"上欲以说为大学士"，对这一恩典，张说"固辞而止"。张说认为，虽然自己位极人臣，但书院是文化机构而不是官场，只论学问大小，无涉官位高低。我们通过此事可以看出张说作为文坛领袖的君子胸怀。他的请辞在书院也赢得人心，当然，这对他在书院工作的开展是极为有利的。

第三件事是张说在书院慧眼识才，奖掖后进，将许多优秀知识分子网罗进了书院之中。张说担任丽正修书使时，为编撰《唐六典》等书，极力推举贺知章、徐坚、赵冬曦、韦述等人进入书院。贺知章是大家熟悉的大诗人，自号四明狂客，放荡不羁，在开元十三年时，既迁礼部侍郎，又兼集贤院学士，可谓双喜临门。徐坚在武后时期即与张说是老同事，共修过《三教珠英》，张说介绍徐坚进入书院后，即作为书院的副知事，配合张说的工作。赵冬曦则是张说被贬岳州之时结识的文友。韦述自幼聪慧，读书过目不忘，家中两千余卷藏书，"记览皆遍"，学养深厚，贯穿经史，正是修撰史书的难得良才，因此，张说以宰相之职在集贤书院监修国史时，即延揽韦述进入集贤书院为直学士。韦述对于先前所修国史，先定类例，补阙遗，修成《国史》112卷，《史例》1卷，事简记详，充分体现了韦述的良史之才。在安史之乱两京沦陷时，韦述将家中财产全部舍弃，抱着所修《国史》在南山隐匿。不幸的是，韦述后来还是被叛军俘虏，并授予官职。两京收复后，韦述因有被俘"授伪职"这一经历而被流放渝州。此外，像康子元、侯行果、敬会真、冯朝隐等一批精研道家的学士，也都直接或间接由张说招引进入集贤书院。

张说虽贵为宰相，但他更是文人，对学士名分极为看重。在贺知章双喜盈门时，宰相源乾曜曾对张说说："贺公两命之荣，足为光宠。然学士、侍郎孰为美？"张说答道："侍郎衣冠之选，然要为具员吏；学士怀先王之道，经纬之文，然后处之，此其为间也。"张说之才、张说之识、张说之位，使张说无愧于深孚众望之集贤第一代掌门人。

胡瑗与泰山书院

胡瑗（993—1059年），字翼之，祖籍陕西安定堡，人称安定先生。胡瑗天资聪慧，7岁时已写得一手好文章，13岁时能通五经，邻居常常对胡瑗父亲说："此子乃伟器，非常儿也！"

胡瑗不仅天资聪颖，而且自己也十分刻苦。年轻时候的胡瑗到泰山访学，与孙复、石介昼夜苦读，十年不归。今山东泰山普照寺西北的五贤祠有一景叫"投书涧"，这景点就与胡瑗的苦读故事密不可分。据《安定学案》记载，胡瑗"家贫无以自给，往泰山，与孙明复（孙复）、石守道（石介）同学，攻苦食淡，终夜不寝，一坐十年不归。得家书，见上有'平安'二字，即投之涧中，不复展，恐扰心也"。这就是"投书涧"的来历。明万历六年（1578年），钦差巡抚赵贤在此题碣"胡安定公投书处"。此后诸多文人墨客来此缅怀、颂扬胡瑗的求学之志。明代萧协中赞曰："野焉芸芸绿间黄，当年习静任亡羊。清心不逐家缘扰，涧底犹腾翰墨香。"乾隆皇帝登泰山，作《戏题投书涧》云："报来尺素见平安，投涧传称人所难。"先天的聪明加后天的勤奋造就了中国古代一位伟大的教育家、思想家。

泰山书院

胡瑗学成后，主要在苏湖一带

教授生徒。景祐二年（1035年），范仲淹知苏州，大力倡导兴学，建立州学，因敬慕胡瑗的学问，因此特别聘请胡瑗为州学教授。景祐三年（1036年），在范仲淹的极力推荐下，胡瑗到达京师，校定钟律，撰写《景祐乐府奏议》；康定元年（1040年），又由范仲淹推荐任陕西丹州军事推官，参与幕府军事谋划，并撰《武学规矩》，建议国家大兴武学，以抵御外部侵略。

庆历二年（1042年），湖州知州滕宗谅聘请胡瑗主持湖州州学。正是在苏、湖的教学实践中，胡瑗形成了影响深远的"苏湖教法"，在教育管理、教学方法、教学目标等方面都有独到的见解且付诸实践。在这其中，尤其以"分斋教学"思想和"明体达用"目标观特别有名。自科举创立以来，学校教育均以经书、词赋为主要内容，以记诵为主要方法，重视训诂和声律文词。这样的教育培养出来的学生可能经史背得多，诗赋做得好，但在治国安邦的本领方面却十分缺乏。而在宋初流行的西昆体诗更助长了此种浮华不实的风气。胡瑗对此现象决意改革，据《宋史》记载，"安定胡瑗设教苏湖间二十余年，世方尚词赋，湖学独立经义治事斋，以敦实学"（《宋史·选举志》）。

胡瑗主张根据学生的实际分斋教学，说得更为具体一些就是学校分设"经义"和"治事"两斋。经义斋选择心性疏通、有器局、可任大事者来学习，通过儒家经典的教学，培养学生的学术和道德修养，为日后成为朝廷高级官员作准备。治事斋要求"一人各治一事，又兼摄一事，如治民以安其生，讲武以御其寇，堰水以利田，算历以明数是也"（黄宗羲《宋元学案·安定学案》）。由此不难看出，治事斋主要培养的是专门技术人才。

在教学目标上，胡瑗提出"明体达用"的目标。对于"体"和"用"，胡瑗的学生在与神宗的对答中做了明确的解释："君臣父子，仁义礼乐，历世不可变者，其体也。《诗书》史传子集，垂法后世者，其文也。举而措之天下，能润泽斯民，归于皇极者，其用也。国家累朝取士，不以体用为本，而尚声律浮华之词，是以风俗偷薄。臣师当宝元、明道之间，尤病其失，遂以明体达用之学授诸生。"（黄宗羲《宋元学案·安定学案》）所以，只有"明体达用"才可以"修齐治平"，上佐皇帝，下济百姓。孙复、石介是在理论层面大张圣人之道，对声律浮华之风口诛笔伐，而胡瑗则是在实践中传播儒学之"道"。胡瑗的教学改革对理学兴起的作用无疑是十分重要的。

胡瑗治学严谨，制定了严格的规章制度，且身体力行，"瑗教人有法，科条纤细具备，以身先之。虽盛暑必公服坐堂上，严师弟子之礼。"（《宋史·胡瑗传》）据说，因为胡瑗要求极为苛刻，许多学生都不敢到他门下读书。但范仲淹相信胡瑗，亲自将自己的儿子范纯仁送到胡瑗门下，范仲淹此举产生的榜样作用是十分重要的，许多读书人纷纷投入胡瑗门下。而胡瑗也没辜负范仲淹的知遇之恩，教学卓有成效。庆历四年（1044年），天子下诏，在太学中引入胡瑗的"苏湖教法"。科举考试被录取的士子中，十之四五都是胡瑗的学生。胡瑗做国子监直讲时，游学之士更是纷纷涌入，盛况空前。

南宋书院兴盛时，胡瑗在泰州的讲学处被辟为"安定讲堂"，乾隆五年（1740年）改称"胡公书院"。

二程与嵩阳书院

"二程"即著名理学家程颢和程颐。两人为同胞兄弟，都师从周敦颐、邵雍父子等，后人将他们一起称为"二程"；又由于他们世居洛阳，其学说被称为"洛学"。程颢年长称大程，程颐居小称小程。二程都曾在嵩阳书院讲学，后来又分别以明道书院和伊川书院为阵地传播其学术思想。

程颢（1032—1085年），字伯淳，世称明道先生。程颐（1033—1107年），字正叔，世称伊川先生。

嵩阳书院是中国新儒学的发祥地之一。兄弟二人年少时皆师从理学祖师周敦颐，入仕之后又都曾居崇福宫祠，在嵩阳书院讲学。北宋中期，国内政治开明，百姓安居乐业，文风日起，儒生经历了五代久战之后都热衷于在茂密丛林或名胜中寻找安静之地研讨学问，著书立说，以避尘世纷扰。二程之所以在嵩阳书院讲学，其原因有：其一，"二程"原居洛阳伊川，距登封咫尺之遥，登封又是尧、舜、禹、周公曾经活动过的地方，且佛道盛行，来这里十分有利于切磋。其二，王安石变法更新，"二程"与之政见分歧，不为朝廷重用，为避祸端，无奈之下只得退居嵩阳书院，聚徒讲学。其三，时任登封崇福宫提举的司马光、范仲淹等同在嵩阳书院讲学，可共同论证学术，与王安石分庭抗礼。其四，嵩阳书院与江西的白鹿洞书院、湖南的岳麓书院、商丘的睢阳书院并称宋代"四大书院"，声名远播，在此讲学将有利于推广"洛学"思想，从而将自己的知名度推广开来。其五，嵩阳书院一个最出色的教学特点是实行"门户开放"，学术民主气氛浓厚，这将有助于更深一层次的学术研究。对于在官场失意的"二程"来说，嵩阳书院是研究学问的极佳选择。

"二程"创立的洛派理学,亦称为"新儒学",在相当长的一段时间内,影响着当时社会的政治、经济、文化。新儒学虽以儒家礼法、伦理思想为核心,但其张扬的孔孟传统已在融合佛、道思想精粹中加以改造,具有一种焕然一新的面貌,其学问以"明道"为目标。宋代理学大师朱熹、吕祖谦共同编辑的《近思录》,归纳其基本内涵有五:一是探讨道体和性命为核心;二是以"穷理"为精髓;三是以"存天理、去人欲"为存养功夫;四是以"齐家、治国、平天下"为实质;五是以"为圣"为目的。

"二程"在嵩阳的讲学,开创了学术与书院相结合的传统,为洛学的规模奠定了基础,亦开南宋书院和理学一体化之先河,在中国学术史和书院史上的影响都颇为深远。

朱熹与白鹿洞书院

朱熹(1130—1200年)字元晦,一字仲晦,号晦庵、晦翁、考亭先生、云谷老人、沧州病叟、逆翁等。后人因其学术成就及影响,将他与孔子、孟子等并提,称为"朱子"。祖籍徽州婺源(今属江西省婺源县),出生于福建龙溪县(今属三明)。

在朱熹70年的风风雨雨中,19岁以前主要是求学,19岁考中进士,三年后开始进入仕途。从19岁考中进士直至去世的50余年间,朱熹虽历仕高宗、孝宗、光宗、宁宗四朝,20余次被授官,但实际上他真正做官的时间加起来还不到10年,进入政权的中心地——朝廷的时间则仅仅40天。朱熹一生活动主要是读书求道、讲学传道、注释儒家经典、完善理学体系等。

朱熹与书院几乎就是结合在一起的,修建新书院、修复旧书院、为书院制定学规章程、在书院精研学问、传道讲学……据方彦寿先生考证,与朱熹有关的书院高达67所之多。朱熹对书院的钟情甚至到了痴迷失常的地步。代表事例就是白鹿洞书院的振兴过程。

朱熹

朱熹振兴白鹿洞书院，做了八件大事：

（1）修建房屋。白鹿洞书院旧址其时仅剩断壁残垣，茂草荒丘。南康军星子县正遭旱灾，其财力十分有限。但还是重建起屋宇20多间。朱熹还与僚属、学生及继任知军钱闻诗商定进一步兴建书院圣殿等房屋计划。淳熙八年（1181年）八月，朱熹改任提举浙东常平茶盐公事职，行后不久遗钱30万给钱闻诗"建礼圣殿并两庑，塑孔子及十哲像"，到朱端章为郡守时完成此举。

（2）筹措学田。朱熹认为重视学田建设是维持书院的长久之计。他任内制订了购置田亩的计划并筹集到一部分资金。后因离任，买田一事也由继任朱端章完成，得田达700亩。

（3）聚集图书。朱熹曾发文江南东、西路各地州府衙门大肆征集图书。《洞学榜中》载："承本路诸司及四方贤士大夫发到书籍，收藏应付学者看读。"所得除《汉书》外，还曾得到多种名帖：程颐《与方道辅帖》摹本，邵雍《诫子孙语》及《天道》《物理》二诗的手书，《尹淳帖》，包拯青年时代的诗帖等。朱熹亲为书写或照旧摹拓，书《跋》并刻成石碑收藏。

（4）延聘师长。白鹿洞刚刚建成之时，朱熹曾请江西新建丁锬为掌教，安徽吴某为职事，没有成功。朱熹一方面自任洞主，亲自执教。另一方面以学录杨日新"年德老成，在洞供职，纪纲庶事，表率生徒，绩效可观"，委为堂长，还邀请好友刘清之、彭蠡，学生林用中、黄干、王阮等一同讲学。

（5）招收生徒。朱熹曾发榜招收生徒，今有姓名可考者就有20多人。有称之为朱门四友、星子五贤、都昌三彭的，有父子、叔侄、兄弟同学于朱子门下的。除了本军本县的，还有江西、福建等外地的生徒，几乎都成了十分有名的学者。

（6）制订教规。朱熹总结了前人办学所立规制及禅林清规，制订了《白鹿洞书院揭示》。这份揭示以维护封建纲常为目的，提出了立教之目、为学之序、修身之要、处世之要和接物之要的基本准则，是做人做学问的基本要求，是后世书院教育乃至学校教育的指导方针，其影响十分重大。

（7）设立课程。朱熹在开学之初就讲了《中庸首章》，后又多次登台讲学，在洞中留下了《讲堂策问》《大学或问》等讲义。他把《大学》《中庸》自《礼记》中辑出，与《论语》《孟子》汇成《四书》，作为开设的主要课程，指出："学问须以《大学》为先，次《论语》，次《孟子》，次《中庸》"，"《大学》是为学纲目，先通《大学》立定纲领，其他往皆杂注在里许。"他还在淳熙七年（1180年）于南康军刊印《论孟要义》一书供给白鹿洞诸生。

（8）确立教学组织形式。朱熹集我国古代书院、学校教育经验之大成，在白鹿洞书院的教学形式是灵活多样的，并使这种组织形式日臻完备。①升堂讲学，学术争鸣。朱熹除了自己升堂讲学之外，还摒弃了门户之见，邀请另一学派领袖、演讲大师陆九渊来白鹿洞讲学，史称"白鹿洞之会"。陆以"义利之辨"为题，学生听了感动得热泪盈眶，朱熹也深受启发，遂刻讲义于石，书跋其上以广流传，以垂后世，大开学术争鸣的良好风气。②刻苦钻研，自行领会。朱熹非常重视对生徒读书方法的引导，认为："为学之道，莫先于穷理。穷理之要，必在于读书。读书之法，莫先于循序而致精。而致精之本，则又在于居敬而持志。此不易之理也。"他把读书的方法总结概括为"循序渐进、熟读精思、虚心涵泳、切己体察、著紧用力、居敬持志"六项。③互相切磋，质疑问难。朱熹认为："往复诘难，其辩愈详，其义愈精。"以讲会为重要方式，还有文会、诗会等。朱熹离开白鹿洞后，朱子门生与书院诸生会讲鹿洞已成风气，后经历代沿袭。④展礼祭祀。祭祀是白鹿洞教育、教学活动一种十分重要的组成方式。书院在当时和后来的发展中曾建立过许多祠庙，除礼圣殿外还有宗儒祠、先贤祠、忠节祠、紫阳祠、报功祠等，对历代先师、先哲顶礼膜拜，注重自身道德品质的修养，培养忠贞爱国的情操。师徒之间、升堂讲学、迎宾送客、课试祭祀均有礼仪，均需学习与展示。

知识链接

古代书院台湾学生多

清代康熙年间，清政府在台湾设立台湾府，隶属当时的福建省，因此当时面向全省招生的省会书院，就有不少的台湾学生。比如鳌峰书院，它绝对是台湾学生心中的学术圣殿。

当然，在鳌峰书院学成后的学生，也有不少人到台湾任职。根据《闽都书院》，明清时期，台湾许多书院的山长都曾是四大书院的生员，台湾许多书院的教材也来自福州书院。

有意思的是，由于四大省会书院的竞争十分激烈，尤其在当时士子云集的福建，其他书院的考生想考中功名难上加难，因此滋生了不少"高考移民"。

清初由于台湾刚开发不久，文化相对落后，与大陆学生比较而言，入泮门槛也比较低，于是闽南一带不少士子东渡台湾。他们在台湾读书，参加完科考入泮后，又返回内地参加乡试，获取功名，类似现代的"高考移民"。在当时，这批学子赶赴台湾，和当地学子相互交流，客观上却为台湾的文化发展做出不可否认的贡献。

鹅湖之会

鹅湖书院因之而闻名遐迩的"鹅湖之会"，就发生在鹅湖寺里。

1. 第一次"鹅湖之会"

我国哲学史上的重要事件——第一次"鹅湖之会"，指的是朱熹、吕祖谦、陆九渊、陆九龄四贤聚会讲学于鹅湖寺。

南宋，是中国历史上内忧外患，政局动荡的时代。为救国图存，理学家们致力于经世救国之学，试图从古圣先贤的一些著述中寻找方案和途径。朱熹与陆九渊同为当时的理学界巨擘，是双峰并峙的书院教育家。但是，事实却是，朱、陆向来对立，"朱以陆之教人为太简，陆以朱之教人为支离，彼此不合"。在"道问学"与"尊德性"的学说上各执一词，一直都没有得到调和，成为"我国理学上的两大派"。

淳熙二年（1175年）春末夏初，吕祖谦从浙江东阳经信州（今上饶）、铅山到福建崇安拜访朱熹，相与研读二程、张载之书，采600余条，在"寒泉精舍"编辑《近思录》。此事之后，朱熹送吕祖谦归，将途经铅山、鹅湖。吕祖谦素有折衷朱、陆学术分歧的愿望，便借机致信抚洲金溪，约请陆九渊、陆九龄兄弟前往鹅湖寺与朱熹相会讲学。

他们在鹅湖十几日，朱陆双方各执一词，争辩不休，就道德境界、道德教育以及修养方法等针锋相对。涉及的问题十分广泛。辩论的过程中，陆九渊甚至想诘问朱熹：如果说只有读书才是认识真理，成为圣贤的道路，这样一来，尧舜之前有什么书可读？他们不都是圣贤吗？只是由于九龄的阻止而罢。朱、陆所坚持的主张分别是"先致知而后存心"和"先存心而以易简自高"。双方意见始终难以统一，论辩的气氛热烈紧张，诸公躬听而已。虽然几经商榷，但是各持己见，最后只好不了了之。

鹅湖之会的参与者除朱、吕、二陆外，还有"江浙诸友"、福建学者刘清之、赵景明、赵景昭、朱桴、朱泰卿、邹斌、詹仪之，以及蔡元定、何叔京、潘景愈、范念德、张公庠、傅一飞、连崇卿等。

"鹅湖之会"是一次盛况空前的盛会。百余人聚会鹅湖，好似云瀚雾集。时值春末夏初，山雨初霁，泉声喧静，诸公衣冠森列，齐肃无哗；讲台之上却又才思敏捷，宏论连篇。会况之盛，令人颇多感慨、久怀于心。

第一次鹅湖之会，堪称中国哲学史上一次学术讨论会。无论是会讲的内容，还是开创会讲形式，在我国认识发展史上都具有十分重要的历史地位。

2. 第二次"鹅湖之会"

南宋淳熙二年的"鹅湖之会"之后，淳熙十五年（1188年），辛弃疾与陈亮"仿鹅湖故事"，也有过一次"鹅湖之会"。在当时的时局形势之下，辛弃疾、陈亮面对"南共北，正分裂"的民族灾难，为统一祖国而不遗余力。他们因商讨国事而"憩鹅湖之清荫，酌瓢泉而共饮，长歌相答，极论世事，逗留弥旬乃别"。他们的爱国精神，尤其值得我们学习借鉴。

鹅湖之会

绍熙十五年冬，辛弃疾、陈亮这两位志趣相投的朋友，决定在鹅湖相会。陈亮在出发前，写信给在武夷山中闲居的朱熹，约他到紫溪相聚，然后，"仿鹅湖故事"，同往鹅湖，商谈世事与学问，继续他们之间的学术辩论。朱熹虽然曾经说过"今日所当为者，非战无以复仇"的话，但是此时对抗金恢复兴趣不是很大，信心不足。他给陈亮信中说："奉告老兄，且莫相撺掇……古往今来，多少英雄豪杰，韫经纶事业不得做，只怎么死了底何限……况今世孔、孟、管、葛自不乏其人耶。"在这样的情况之下，他失约未至。

　　辛弃疾虽然当时疾病缠身，仍是欣然赴约。高朋远方而来，辛弃疾大为振奋，他带病飞身楼外，凭栏远眺陈亮。陈亮快马加鞭，眼看辛府在望，兴奋异常。坐骑行至小桥桥头，不料，三跃而马三却，陈亮大怒，挥剑斩马，徒步而进。此时此刻，此情此景，二人感慨不已。"斩马桥"留下了一段辛、陈友谊佳话。

　　第二次鹅湖之会，朱熹未至，然而，辛、陈两位英才的会晤确实是非常圆满的。志同道合的亲密交往，深刻地说明他们即使落职闲居，寄情山水诗酒，也没有忘怀抗金报国，收复中原的大事。这一南宋词坛盛事，当以它熠熠的爱国主义思想光辉而彪炳千秋。

草庐先生吴澄

　　有元一代，以理学后先倡和，为海内师资者，南有吴澄，北有许衡。

　　吴澄（1249—1333年），字幼清，抚州崇仁（今江西乐安）人。因好友程钜夫将其居室题为"草庐"，因此人们都称他为草庐先生。

　　吴澄自幼聪敏过人，据载他"五岁而读书，七岁而能声对，九岁而能诗赋，十有三岁而应举之文尽通"，在乡学考试中每次都是第一名。他的勤奋好学也名闻乡里，据说吴澄读书通宵达旦，不知疲倦，他的母亲为此忧心忡忡，怕对他的身体健康不利，于是限制了他的灯油。吴澄用自己节省出来的钱悄悄买来油烛，待母亲熟睡后又继续学习。16岁是吴澄人生的转折点，这一年，他随祖父到抚州参加乡试，虽然祖父不幸落第，但他却幸运地认识了名儒程若庸。程若庸是朱熹的三传弟子，时为抚州临汝书院山长，吴澄因此进入临汝书院，拜程若庸为师，并在此结识此后一生的挚友——程若庸的侄儿程钜夫。

在程氏门下吴澄顿悟学问并不仅仅只有诗词记诵，学习的目的除应付举业之外，还可求得圣贤之道。他曾著书说"道之大原出于天，神圣继之"。至此，吴澄也立志追求"圣贤之学"，从此淡泊名利。

当然，淡泊并不意味着他完全放弃了做官入仕的想法。度宗咸淳六年（1270年）吴澄乡试中举，随即向地方官上书，希望通过荐举的方式进入仕途，但愿望落空。第二年，吴澄即参加了礼部的考试，但名落孙山。此次科考的失败使吴澄彻底断了科考的念头。抚州被元军攻破后，吴澄隐居到了布水谷，潜心研究学问。

吴澄此后的经历即由他所生活的特定时期所决定——蒙元代宋，不得已行走于出仕与归隐之间。在时人看来，蒙元代宋不是一般的王朝更替，而是"异族"入主中原，受教于朱熹忠孝节义的儒林人士因此遭受了巨大的精神痛苦，他们处在了人生道路选择的十字路口：改头换面事新朝兼济天下或做坚定的前朝遗民独善其身。吴澄该何去何从？至元十二年（1278年），临安城破的第三天，吴澄即作《伯夷传》，列举孔子、孟子、韩非子对于伯夷、叔齐的评价，赞赏伯夷、叔齐恪守君臣伦理的政治操守。这实际上就是吴澄面对朝代更替何去何从的个人宣言。

但是事与愿违。吴澄在当时的影响太大，以至于元代朝廷总是忘不了他，屡屡诏请，他想隐也难。至元二十三年（1286年），程钜夫奉诏到江南寻访名士时，即找到吴澄，力请他出仕，吴澄则以母亲年老需要照顾为由婉言谢绝。后来程钜夫以请吴澄北游中原山川胜景为由才赚得吴澄到达大都。到大都后，程钜夫再次劝吴澄入仕，吴澄仍以母老为由力辞，并很快南归抚州草庐读书授徒。成宗大德五年（1301年），吴澄母丧服满，朝廷再诏吴澄应奉翰林文字、登仕郎、同知制诰兼国史院编修官，吴澄这次已不能以母老为由了，于是写信给荐举他的董士选，请董士选成全他追随古人依道进退的心志，但此举没有取得预期的效果。第二年秋天，在朝廷一再的"敦遣"下，吴澄无奈之下动身上路。由于时日迁延，等吴澄到大都时，原授官职已委他人，吴澄再次回江西老家。

1304年，吴澄又被任命为江西儒学副提举，仍然坚辞不赴。直至武宗至大元年（1308年），年已花甲的吴澄在江西行省的礼请下，才赴任国子监丞之职。在国子监，吴澄不阿权贵，以接续道统为己任。当时的尚书右丞刘楫曾想借吴澄之名抬高自己，但吴澄拒绝了与刘楫的往来。当吴澄的教学主张因与国子监多数同僚不合而被划入"陆学"阵营时，吴澄不屑于自辩，于是又一次辞职南归。

自此之后，吴澄又多次授官，如集贤直学士、翰林学士、知制诰、同修国史、经筵讲官等。对这些任命，吴澄或坚辞，或旋任旋辞。其间英宗曾命吴澄为"金书"《佛经》作序以追荐列圣、祈天永命、为民祈福，但是，吴澄以超生荐拔实乃"蛊惑世人"为理由，拒绝按英宗旨意写序，表现了令人佩服的儒者风骨。就在大家为吴澄的性命担忧时，幸好英宗尚未接到吴澄的答复即被弑。

吴澄85年的风雨人生中，虽屡被诏请，但入仕的时间都是很短的，且都不是自愿，讲学传道才是他一生最热爱，也是最重要的事业。落第后的第二年，吴澄就在家乡盖了几间草房，开始了他的清贫讲学生涯。

吴澄早年是在临汝书院开始真正进入朱学大门，因此对书院情有独钟，将书院看作是儒学道统成长、发展的摇篮。在无数次的被迫受职与离职的北往南归中，永丰武城书院、江州濂溪书院等多所书院都留下了吴澄讲学的身影。他一生为书院撰文数十篇，其中的《重建岳麓书院记》对后人研究岳麓书院有着不可估量的影响。

王守仁与龙岗书院

龙岗书院坐落于贵州省修文县龙场镇阳明村。龙岗山林木葱茏，飞瀑流泉，鸟鹊飞鸣，幽深秀丽。龙岗书院是贵州北线旅游的第一个文物景点，也是国内外知名度较高的一处文化古迹。

龙岗书院建于明正德三年（1508年），为明代著名的思想家、教育家王守仁所建。王守仁（1472—1529年）字伯安，号阳明，浙江余姚人。历官南京兵部主事、南京兵部尚书，封新建伯，卒后又封为新建侯，谥文成，世称阳明先生。正德元年（1506年），王守仁为营救戴铣、薄彦辉等人，得罪宦官刘瑾，被贬谪为贵州龙场驿丞。王守仁谪居龙场期间，在龙岗山东洞端居默坐，朝夕冥思，大悟"格物致知"之旨，栖迟三载，觉悟一宵，并创立"知行合一"学说。这就是著名的龙场悟道的由来，此后又发展到"致良知"的学术宗旨。他的"知行合一"和"致良知"的学术思想很早就漂洋过海传入日本、朝鲜、韩国等国，后来又传到东南亚及欧美各国，在国内外均产生了深远的影响。

王守仁"知行合一"学术思想建立后，在龙岗山洞开始授徒讲学，遂建何陋轩、君子亭、宾阳堂及龙岗书院。王守仁在龙岗书院著书立说，修身讲学，传播文化，当时的规模十分宏大，据载"门生颇群集"，"士类感慕云集听讲，居民环聚而观者如堵焉"，"先生与群弟子日讲良知之旨，听者勃勃感触"。他在书院提出以"立志、勤学、改过、责善"为学规，弟子有远从湖南常德来龙场问学的蒋信、冀元亨等。王守仁后受贵州提学副使席书之聘到贵阳"文明书院"讲授他的"知行合一"新学说。龙岗书院是贵州最早的书院之一，在这座书院中，培养了许许多多的杰出人才，对发展贵州的文化教育起了极其重要的作用。

王守仁

王守仁在龙岗书院期间与仕民关系融洽，老百姓为他修房，贵州宣慰使安贵荣为他解决衣、食、行。他边讲学边著述，写有龙场诗70余首，还有名篇《瘗旅文》《象祠记》，后来被选入《古文观止》；另著有记、序、文、信各类文章30余篇。这些诗文的历史价值和学术价值都很高，是研究阳明学说及贵州历史的十分珍贵的资料。

王守仁离贵后，书院一直保留。嘉靖三十年（1551年），巡抚贵州监察御使赵锦、巡抚都御使张鹗翼、廉使张尧年、参政万虞恺、提学副使谢东山等在龙岗书院北旁建祠三楹，仍题曰龙岗书院，但其讲学功能已经有所退化。清乾隆十年（1745年），贵州布政使陈德荣、学政邹一桂、修文知县王肯谷修葺改建，改名王文成公祠，不再讲学。后知县张凤池重新维修。嘉庆十四年（1809年），张镛补修。道光二十六年（1846年），贵州巡抚乔用迁、按察使吴振棫、布政使罗绕典、知县许大伦等维修改建。光绪二十年（1894年），知县王锡祉重修飨堂。1923年，知县王百锐等维修改建。新中国成立后，贵州省人民政府在1958年公布为省级重点文物保护单位，现由修文县文物管理所保护、管理、使用，对外开放参观。

东林先生顾宪成

"风声雨声读书声，声声入耳；家事国事天下事，事事关心。"这是青年顾宪成求学期间的自勉心声，也是他所创办的东林书院的目标追求。

顾宪成（1550—1612年），无锡（属今江苏）人，字叔时，号泾阳，晚明名士，因重兴东林书院并确立东林书院的崭新学风而被尊称为"东林先生"。

顾宪成出生于古代社会地位低下的商人家庭，父亲顾学开了一家豆腐店，两个哥哥协助父亲经商。即使如此，家庭依然十分贫困，常常捉襟见肘。为光宗耀祖，他被父亲送进了私塾。出身的低微和贫穷一点都不影响他的刻苦求学之志。

顾宪成在科场一路得意，万历四年（1576年），赴应天府参加乡试，以第一名中举；四年后，又在会试中被录取为二甲第二名，赐进士出身，紧接着被授予户部主事之职。顾宪成从此开始了他刚直曲折的仕途生涯。

在晚明纲纪废弛的官场政治中，顾宪成常常有别于常人。据《明史》记载，顾宪成为官不久，"大学士张居正病，朝士群为之祷，宪成不可。同官代之署名，宪成手削去之"（《明史·列传》卷一一九）。张居正可是当时的内阁首辅，权倾朝野，人人唯恐巴结不及，而位微言轻的顾宪成却对这种阿谀迎合的官场风气很不以为然，在别人好心替他出钱签名时，他不仅不知道感激，反而着急地将自己的名字删除。好在张居正这次病得不轻，很快去世，否则，顾宪成可能就得为他的这次刚直付出代价了。

此后，顾宪成改任吏部主事，参与考评官员。在万历十五年（1587年）的"大计京朝官"中，顾宪成上疏"分别君子小人，刺及执政"，结果被贬为桂阳州判官，后又因丁母忧，暂时离开了朝廷这个斗争旋涡。

复出后的顾宪成不久即在小小的吏部考功主事位置上因"立国本"问题得罪了皇帝。所谓"立国本"，就是立太子。立谁做皇太子是有规矩的，即有嫡立嫡，无嫡立长。当时万历皇帝一向宠爱郑贵妃，想立其子为太子，但实际情况却是，郑贵妃之子朱常洵为皇三子，既非嫡，也非长。当时的皇长子是万历皇帝不太喜欢的恭妃之子朱常洛，暂无嫡出皇子。皇帝一心想废长立幼，引起了很多朝臣的反对，双方斗争数年。万历二十一年（1593年），皇帝与权臣王锡爵密谋搪塞朝臣，提出将当时的三个皇子并封为王。"三王并封"在朝中引起轩然大波，顾宪成成为反对阵营的先锋，一方面直接上疏驳斥这一荒唐的权宜之计，认为三个皇子并封为王"有大不可者"，请求"皇元子早正储位，皇第三子、皇第五子各就王爵"；另一方面多次写信给王锡爵表示反对"三王并封"，并希望王锡爵向皇帝进言。后来，"三王并封"最终作罢。但是，皇帝心中对顾宪成已是耿耿于怀。

一波未平，一波又起。"立国本"之事尚未了结，顾宪成很快又卷入"京察"斗争的旋涡中。当时，由吏部尚书孙鑨、考功郎中赵南星主持对五品以下京官进行考察。顾宪成积极支持二人借此澄清吏治，力避权臣培植党羽，结果与王锡爵发生了冲突。赵南星等人被王锡爵诬蔑为"专权植党"，因此遭到罢官。对此，顾宪成一方面上疏申救；另一方面，坚持在用人问题上抵制权臣。这样做的结果导致顾宪成被削籍回乡。

此后，顾宪成开始了他人生的最辉煌事业——讲学。万历二十二年（1594年）九月，顾宪成从北京回到家乡泾里。顾宪成虽然官做得不是很大，但他的人格魅力和学问道德已经深入人心，吸引了众多青年前来求学讨教。顾家从此四方弟子云集，昼则书声琅琅，夜则烛火辉煌，时而与吴中学者聚会研讨学术。

顾宪成

顾家房舍毕竟难以将这么多学生容纳，于是，在顾氏兄弟及一帮吴中学者的共同努力下，万历三十二年（1604年），官府批准在原址上修复东林书院作为讲学之所。书院修复后，顾宪成亲自为书院讲会审订了宗旨及具体会约仪式，并会同顾允成、高攀龙、安希范、刘元珍、钱一本、薛敷教、叶茂才（时称东林八君子）等人发起东林大会，制定《东林会约》，顾宪成为东林书院的首任主讲。

"声声入耳""事事关心"是顾宪成所倡导的东林讲学的主旨所在。当晚明盛行的"王学"走向玄虚内省、无善无恶的极端时，他们痛斥尊崇"王学"实际上是"学术杀天下"：空谈心性，置国危民艰于不顾，这等于让晚明危机雪上加霜；无善无恶则模糊了道德标准，正好成为朝中一帮庸碌腐败官员张目的工具，"坏天下教法，自斯言始"。在这种形势之下，以顾宪成为代表的东林讲学从不回避时事，他们在讲学中批评朝政，针砭时弊，为民请命，对黑暗的政治斗争毫不畏惧。

由于朝政为权臣把持，正直官员为此心灰意冷，这些官员与回乡讲学的顾宪成、高攀龙等人声气相通，互相支持。尽管他们中的很多人在后来的东林党案中遭到打击迫害，但一时之间，东林书院在朝野内外名声远播，汇聚成一股影响社会舆论的政治势力。

万历三十七年（1609年）的李三才事件成为东林党人试图整肃朝纲的一次斗争高潮。李三才时任淮抚，政绩卓著，特别是他依法惩治太监陈增爪牙的贪赃枉法、多次上疏反对矿税、提议兴修水利、直言要求皇帝关心百姓的温饱疾苦等行为都给顾宪成留下了很好的印象。李三才正是顾宪成所欣赏的那一类官员。所以，当万历三十七年朝廷"大计外吏"，内阁需要补充一部分阁臣时，在野的顾宪成即通过在朝的东林同志极力推荐李三才入阁。而朝中一批看不惯东林党人的"阉党"则极力反对李三才入阁，罗织了李三才"贪、伪、险、横"等罪名。因此，顾宪成专门写信给内阁大学士叶向高和吏部尚书孙丕扬，竭力为李三才申辩。结果是，顾宪成招来了诬陷，掌京畿道御史徐兆魁上疏说削职为民的顾宪成与朝中大臣勾结成东林党，说他们的讲学妄议朝政，结党营私，败坏国家吏治、人品、学术等。神宗皇帝看了徐兆魁的上疏后，对东林官员的提议不予采纳，在这种情况下，"阉党"就达到了打走正直官员的目的。万历三十九年（1611年），处于这场斗争中心的李三才被迫辞职，而顾宪成也在一年后病逝。

也许顾宪成是幸运的,他在世时虽然遭到攻击,但往往只限于在笔头、口头,身体肤发未受损害。顾宪成去世后十多年,党争即在魏忠贤的一手导演下由政治攻讦上升为无情镇压,高攀龙被逼投塘自杀,熊廷弼、杨涟、左光斗等众多被列入魏氏东林名录的正直人士或者被杀害,或者遭流放,或者冤死狱中。

但是顾宪成无疑是不幸的,他的政治抱负至死都没有完成。他说:"官辇毂,志不在君父,官封疆,志不在民生,居水边林下,志不在世道,君子无取焉。"(《明史·列传》卷一一九)然而,在一个君主高度专制、权臣辈出的时代,岂能容他讽议朝政、裁量人物!从一开始,顾宪成的理想就已注定只可能是失败的结局,想要"事事关心"的东林风气注定会被官场的乌烟瘴气所吞噬。

黄宗羲与证人书院

明万历三十八年(1610年)八月八日,在浙江余姚黄竹浦,黄宗羲呱呱坠地,开始了他虽科场屡屡失意,但道德文章、学术成就、思想高度均堪为后世景仰的一生。

黄宗羲的人生转折于父亲黄尊素被害。在东林政治浪潮中,黄尊素站在东林党一边,刚直不阿,忧国忧民,力主革新朝政,这自然引起了"阉党"的忌恨。天启六年(1626年)二月,黄尊素被捕,六月在狱中被迫害致死,时年43岁,黄宗羲仅17岁。

黄宗羲立志为父申冤报仇。天启七年(1627年),崇祯皇帝即位,开始整肃朝纲,追查"阉党",平反天启冤案。崇祯元年(1628年),19岁的黄宗羲入京申冤,请求严惩参与陷害其父的"阉党"余孽许显纯、崔应元、李实等人。这三人都是魏忠贤的爪牙,都直接参

黄宗羲

与了迫害黄尊素的行动。许显纯位列魏氏集团的五虎五彪之"五彪",又倚仗着万历皇后外甥的身份,坏事做尽却未受到应有的惩罚。在黄尊素案中,他亲自罗织了黄尊素受贿2800两白银的罪名。时任锦衣卫指挥的崔应元则是许显纯的帮凶。提督苏杭织造太监李实则负责告发当时赋闲在家讲学的黄尊素,诬陷他与高攀龙的交往过密。

在刑部会审时,黄宗羲出庭对证,义正辞严、有理有据地驳斥了许显纯以万历皇后外甥为名的减刑要求,坚拒李实的3000两白银贿赂,拔了崔应元胡须祭祀父亲亡灵……这次申冤,黄宗羲留下了"黄孝子"的美名。就在这年秋天,黄宗羲扶柩回到家乡。

报了父仇回到家乡的黄宗羲开始了他人生中新的历程:以他自己的方式参与政治。他一方面跟随名儒刘宗周学习,绍兴证人书院正是刘宗周主要讲学之所;同时四处交友,参加了有"小东林"之称的复社,并卷入了复社声讨阉党余孽的政治斗争。当时,本来依附魏忠贤阉党的阮大铖被吓得"杜门哑舌欲死",以至于不得不在郊外的寺院中躲了好几年。

但是,造化弄人,崇祯十七年(1644年),北京被李自成的农民起义军攻破。紧接着,清军入关,占领北京。北京沦陷后,明朝凤阳总督马士英在南京拥立福王为帝,建立南明弘光政权与清廷对峙。在这次动乱中,阮大铖重新上台,被任命为兵部侍郎。阮大铖一上任即展开了对复社的报复活动,他编造《蝗蝻录》,大有重演天启年间的魏忠贤打击东林党人故伎之势,将复社志士尽行网杀,黄宗羲因此被捕入狱。

说不上是幸运还是不幸,清军很快攻下南京,黄宗羲等人乘乱脱身。在战乱中,黄宗羲避免了像他父亲一样冤死狱中的惨祸,保住了生命;但却遭受了沉重的亡国之痛,其精神上的痛苦让人难以承受。此后黄宗羲经历了"十死"一生的抗清复明斗争,他晚年在其所作的《怪说》一文中这样概括自己的经历:"自北兵南下,悬书购余者二,名捕者一,守围城者一,以谋反告讦者二三,绝气沙墠者一昼夜,其他连染逻哨之所及,无岁无之,可谓濒于十死矣!"数年举家颠沛流离的抗清生涯中,他矢志不渝的民族精神体现得淋漓尽致。

顺治十八年(1661年),南明永历政权灭亡,郑成功东渡台湾,反清复明大业已成功无望,黄宗羲转而潜心学问,致力于讲学、著述,并为中国学术、文化事业留下了十分宝贵的财富。

黄宗羲讲学的宗旨是经世致用，他认为，"经术所以经世，方不为迂儒之学"。在这种思想的指导下，他一方面批评道学家们空谈道德性命和文人不务实学的不良学风，强调学习要明经通史、学以致用，学生一定要"必先穷经""兼令读史"不"蹈虚"以"应务"；另一方面，讲学内容除经学史学外，还讲授天文、地理、数学、历法等自然科学知识。

黄宗羲本人除了在经学、史学方面有十分重大的成绩外，还在天文历法、数学、乐律、地理等方面都有很深的造诣，如考证并纠正《尚书》《春秋》等书中的天文现象，认识数的有限性、无限性等。梨洲弟子在经学、史学、天文、地理、六书、九章、测量等方面都"卓然有以自见"。他的儿子黄百家也在经学、史学、历学、数学方面有深究。

黄宗羲在讲学的同时，还笔耕不辍，著述颇丰：总计 110 多种，1300 多卷，2000 万字以上。

黄宗羲少年丧父，中年亡国，半生濒十死。但是，即使如此，在接二连三的灾祸中，黄宗羲担起了天降之大任·2000 多万字的宏大著述让他站在了中国文化的高峰，令人仰望；在君主专制登峰造极的时代，他尖锐地批评了君主专制的危害，成为我国民主思想的启蒙者；他讲学以经世致用为宗旨，传播学术思想，培育后学才俊，形成了独特的学风和精神追求，流风波及全国，至今仍有较大的影响。

颜元与漳南书院

漳南书院在我国书院史上的时间极为短暂。寿命虽短，但却不是历史的匆匆过客，因为书院里有名师颜元。

颜元（1635—1704 年），字易直，又字浑然，河北博野人，因书屋名"习斋"，故号习斋，世人尊称他为习斋先生，是我国古代著名的独具风格的思想家、教育家，"实学"教育的开创者。

漳南书院位于河北肥乡县，其前身是建于康熙十九年（1680 年）的义学。当时，于成龙出任保定巡抚，要求地方兴建义学。肥乡士绅郝文灿等人即遵命在肥乡屯子堡建义学一所，郝文灿自任学师，并置学田百亩以供义学日常用度。在郝文灿的经营下，义学规模逐渐得以扩大，于是他将其扩建为书院，并请兵部侍郎许三礼题"漳南书院"匾以提高书院知名度。不过，郝文灿清楚，真正提升书院知名度及保证其长久发展的只能是名师。在这种情况下，他决定聘请著名学者颜元出山主持漳南书院。

康熙三十三年（1694年），郝文灿跋涉数百里造访颜元，表达了请他主持书院之意。其时，颜元正热心于教育工作，一心想改革学校，改造教育，培养实用人才。按常理来讲，有人给他提供了一个改革学校的实践平台，他应当一聘即起。但令人意外的是，颜元谢绝了邀请。原因很简单，自宋朝书院随着理学一并勃兴以来，书院即是程朱理学、陆王心学的传播阵地，颜元所批评的那些不良学风在书院中表现最为集中。从这个角度来看，颜元并不喜欢书院。因此，当郝文灿派人带着聘金再次请颜元出山时，颜元仍然拒绝了。想当年，刘备三顾茅庐，以诚意打动诸葛亮。郝文灿相信，颜元是值得他三顾相请之人，他坚信，自己也可以用诚意将颜元打动。康熙三十五年（1696年），郝文灿再派学生苗尚信前往聘请。这个苗姓学生为感动颜元，"掖起复跪者十日"。颜元果然为这种兴学敦师精神所打动，收拾行装到了漳南书院，将他的教育思想也带到了漳南书院。漳南书院的历史自此开始。

颜元在漳南书院向传统挑战，对书院进行了一系列改革。

首先本着"宁粗而实，勿妄而虚"的原则规划校舍。正庭为讲习堂，共建四楹，分别为文事斋、武备斋、经史斋和艺能斋；书院大门内的东西两侧分别设置应时的理学斋和帖括斋；为武备训练的需要还在书院门西建有步马射圃，以便学生习礼、习射、习书数、举石、超距、技击歌舞。

其次在课程设置上，一改自秦汉以来以经史为基本教育内容的传统，设置课程的原则是文武兼修、体用兼备。具体课程包括："文事斋"开设礼、乐、书、数、天文、地理等科；"武备斋"开设黄帝、太公及孙吴诸子兵法，攻守、营阵、陆水诸战法，并射、御、技击等科；"经史斋"开设十三经、历代史、诰制、章奏、诗文等科；"艺能斋"开设水学、火学、工学、象数等科；"理学斋"课以静坐，并编著程、朱、陆、王之学；"帖括斋"课八股举业。

这里尤其值得一提的是"艺能斋"所设置的水学、火学、工学和象数等课程，这些课程关乎国计民生却为传统教育所不屑，自孔子以来，从来没有在正式的学校课程中占有一席之地，颜元在漳南书院却让它们开始登上了大雅之堂。

最后，教学方法强调在"习行"上下功夫。在颜元看来，宋明以来的书院教育在方法上有两大弊病始终存在：一是习静教育；二是书本教育。

　　习静造就了一批手无缚鸡之力的文弱书生，脱离实践的书本教育只能养成书呆子，而非经世致用之人才，真正遇到问题时"心上思过，口上讲过，书上见过，都不得力，临事时依旧是所习者出"（颜元《存学编》卷一）。"习行"的根本宗旨是亲自动手，躬身实践，"实做其事"。因此，颜元在漳南书院中要求学生自己动手，在"习行"中获得六艺实学。作为表率，他不仅亲自带领学生习礼歌诗、讨论兵农、论辩古今，除此之外，还在野外操练举石、超距、技击等。

颜元

　　漳南书院的"习讲堂"挂着颜元手书的对联，上联为"聊存孔绪励习行，脱去乡愿禅宗训诂帖括之套"，下联是"恭体天心学经济，斡旋人才政事道统气数之机"，它正是颜元所倡导的漳南书院办学宗旨淋漓尽致的体现。

　　正是由于颜元站在时代前沿，革故立新，使漳南书院在短时间内成为四方学子仰慕之所，邻近的士绅纷纷把子弟送入书院，书院一时成为群贤毕全之地。令人万分遗憾的是，仅过了四个月，"漳水溢，堂舍悉没"，书院淹没在洪水之中，颜元试图在书院一展其抱负的努力也化为泡影。

　　颜元辞职回到故里。虽然后来郝文灿又屡次请他，但终因漳河水患不断而没有前往。郝文灿感于颜元对漳南书院的贡献，特地给颜元送去一张文契，上面写道："颜习斋先生生为漳南书院师，没为书院先师。文灿所赠庄一所，田五十亩。生为习斋产，没为习斋遗产。"由此我们不难看出郝文灿先生的尊师重教精神。八年后的康熙四十三年（1704年），颜元在故乡病故，享年70岁。

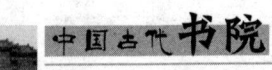

知识链接

古代书院管理严

提到以前的书院管理，比起现在也是严格得多。

据史料记载，除童生没有住院资格外，住院生员、监生都是有严格的住院管理制度的。徐心希提到，鳌峰书院每天仅开门两次，类似于现在的封闭式管理，据说这样是为了避免学生随意外出游玩。到了晚上，书院还会组织人进行逐房查点。

此外，学生也不得随意请假。若没经过请假随意离开书院，监院记过，学生还得惩办。

四大书院对学生的学业管理也很严格。像鳌峰书院，每个月要进行3次考课，比现在学生的考试都频繁、严格得多。

除了每个月3次的考课，日常学业监管也极其严格。住院生员、监生每人要准备课程簿子一本，登记每天读过的书，院长每天都会进行检查。此外，布政司、按察司以及粮、盐两道政府部门每月还要抽查一二次，学生若背不出来还要受罚。

第四章

书院文化集粹

　　书院是唐宋以来形成的一种十分重要的文化教育组织。从唐中叶至晚清,书院历经漫长的千年而不衰。它一产生,就受到历代文人学士、官僚乡绅等各方面的重视和支持,在发展过程中,逐渐形成了书院文化这一历史文化现象。

第一节
书院及其文化功能

古代书院文化具有极其旺盛的生命力，并成功地承担起唐宋以后文化传播、文化创新这两种基本的文化功能。

书院的文化传播功能

书院作为一种教育机构，其主要宗旨是培养杰出人才。传播儒家文化的功能，最主要也就体现在人才培养上。唐宋以后，书院是儒家文化传播的重要途径之一。书院之所以具有很强的文化传播功能，就在于全国各地乃至山林乡村形成了一个庞大的书院群体，而这个书院群体又承担着各个历史时期以儒家文化去培养人才的功能。

书院自产生以后，在教书育人方面独树一帜，形成了许多不同于官学的特点。比如，创办或主持书院者往往是一些名师大儒，在学术界、教育界有很高的威望，能吸引立志于学的学生；而且书院在教学方面又独具特色，形成了一整套包括自由讲学、会讲论辩、教学与学术相结合的教学方法与制度。所以，书院通过它培养出的大批人才，在历史上产生的影响是极为深远的，如南宋著名理学家、教育家朱熹曾经创办并主持了白鹿洞书院、寒泉精舍、武夷精舍、竹林精舍等，从事书院教育20年左右，桃李满天下。在《宋史》的《道学传》《儒林传》中，就记载有黄干、张洽、李方子、黄灏等著名弟子。黄宗羲原本、全祖望续修的学术史名著《宋元学案》中列全宋学案共80则，朱熹及其弟子就占了17则。明代戴铣编《朱子纪实》，在《朱子门人》卷中，列有朱熹弟子共319人。清雍正年间朱玉（朱熹十六代孙）所编《朱子文集大全类编》，列朱熹弟子442人。我们由此可以看出，朱熹充分利用书院讲学，培养了一批又一批人才，因此形成了一个在中国封建社会后期最大的理学学派。他们既是当时主流儒家文化的承担者，又是继续通过书院讲学以传播儒家文化的讲学者。

那些著名书院在传播文化、培养人才方面所起的作用是不言而喻的。如岳麓书院创建于北宋初年，南宋时著名理学家张栻主教，求学者络绎不绝，以至于当时留下"道林三百僧，书院一千徒"的民谚。《宋元学案》专门将张栻在岳麓书院培养的著名弟子列成《南轩学案》《岳麓诸儒学案》等，他们不仅仅是学者，也是政治家、军事家、教育家、文学家等。其中有被《宋史》称为"一时之英才"的吴猎，有被《宋史》称为"学识正大"的彭龟年，有抗金的著名将领赵方，有被认为是"通务之才"的陈琦，等等。这些学生在南宋的政治、经济、外交、军事、学术、教育等种种领域发挥了的作用是难以替代的。清代以后，岳麓书院又涌现出了很多杰出人才，在中国历史的近代转型中发挥了重大作用。著名的爱国主义思想家魏源，政治改革家陶澍，"湘军集团"洋务派的主要首领曾国藩、左宗棠、胡林翼，第一个驻外公使、著名外交家郭嵩焘，由维新走向革命的政治家唐才常，著名教育家杨

岳麓书院大门

昌济等，他们无一不是岳麓书院培养教育出来的，所以岳麓书院大门挂着"惟楚有材，于斯为盛"的对联。

由此可见，书院为中国封建社会后期的人才培养发挥了无与伦比的作用。书院教育之所以能够起到培养人才的重要作用，同书院具有很强的文化传播功能息息相关。由于书院教育是私学教育，有相对自由的自治权利，著名学者可以自命山长，也可以另请知名学者主讲，实行自由讲学；师生之间可以共同讨论学术、争辩疑难；在办学形式上，比较灵活自如，许多学生往往是择师而从，不像官学要受到许多严格的限制；在教学方法上，强调学生自学为主，注重对学生自学能力和独立思考能力进行培养。凡此种种原因，使得书院能够更加有效地传播儒家文化，取得极高的声望和伟大杰出的成就。

书院的文化创新功能

古代书院不仅从事文化传播，同时推动文化的创新发展。在中国历史上，思想文化的创新是通过不断更新的学术思潮体现出来的，而学术思潮的兴起、学术活动的展开往往和私学教育密切联系。如先秦诸子之学的兴起就和先秦私学有密切联系，汉代经学也和汉代精舍密不可分。宋以后，书院成为主要私学机构，宋、元、明、清历朝的学术研究又和书院教育有很深的渊源关系，书院成为宋以后各种新兴的学术思潮的学术基地。

宋朝理学思潮兴盛，这时也是书院的繁荣时期。之所以如此，与理学家们利用书院作为研究、传播理学的学术基地有关。北宋时期，已有一些理学家创办书院讲学，如周敦颐在江西庐山建濂溪书堂，程颐在河南伊川建伊皋书院（后名伊川书院），开始了以书院为研究理学的基地。在南宋时期，著名理学家不断出现，名师鸿儒辈出，许多在中国思想史上十分重要的理学学派都已形成，各学派之间、理学家之间展开了讨论、辩难等各种学术活动，这一切，都与书院的联系密不可分。南宋的理学学派主要是以书院为学术、教育基地而形成的，他们之间的许多重要的学术活动都是在书院内进行的。

明中叶以后，王守仁、湛若水的心学思潮兴起，他们再次利用书院作为心学思潮的学术基地。王守仁于正德三年（1508年）贬到贵州时形成他的心学思想，同时创办龙冈书院讲学；第二年他又在贵阳书院极力将自己的学说进行传播。后来，他还在江西修濂溪书院，在会稽建稽山书院，全国各地尤其是江南士子纷至沓来，蜂拥而至，一时竟"流风所被，倾动朝野"。王守仁去世后，其弟子更是纷纷创建书院，联立讲会，把书院建设推向高潮。湛若水的书院教育活动亦很活跃，他40岁以后的50多年间，几乎无日不讲学，无日不授徒。史称其"平生足迹所在，必建书院以祀白沙，从游者殆遍天下"。王守仁、湛若水及其弟子通过创办书院传学，推动了明代书院的繁荣。王、湛讲学最盛的嘉靖年间，也是整个明代创建书院的顶峰时期，统治者禁毁书院的政策也没能达到抑制书院的目的。同样，蓬勃兴起的书院亦推动了心学思潮的发展，阳明心学能够在全国各地广泛传播，王门弟子遍布今之江西、福建、浙江、湖南、广东、安徽、河南、山东、江苏等地，完全有赖于书院讲学。

明清时期，为纠正王学空谈心性、误国误民之弊，学术界兴起了一股崇实的学术思潮，学者们以崇实黜虚为宗旨，强调实事求是、经世致用。实学思潮中的著名思想家仍是充分利用书院为学术基地。其中最为著名的，就是东林学派的东林书院、颜李学派的漳南书院。万历年间，顾宪成、高攀龙于无锡建的东林书院，标榜务实的学风，在学术界产生很大的影响。东林书院要求学生积极参与国家的政治活动，书院有一副著名的对联：

风声、雨声、读书声，声声入耳
家事、国事、天下事，事事关心

在这种历史条件下，顾、高不仅以东林书院为基地形成了东林学派，而且还形成了一个被称之为东林党的政治集团。

颜元是清初的一名学术大师，他提倡实学，重视"习行"，反对空论心性。他在家乡河北博野创建了漳南书院，分"文事""武备""经史""艺能"，将各种经世致用之学的内容均纳入教学。

清代乾嘉时期，注重经史考据的汉学思潮大兴。清统治者为了达到扼制人们思想的目的，大兴文字狱，学者们只好把精力放在对经史等文献的训诂考据方面，形成了清代的考据学派。这一学术思潮在整理、研究祖国的文献资料方面有十分深远的影响。他们还由治经发展出一系列专门学科，如小学、史学、天算、地理、音韵、金石、校勘等。汉学思潮兴起时，也常常将书院作为学术研究的场所。著名汉学家段玉裁主讲山西寿阳书院；号称"博极群书""无经不通"的钱大昕主讲钟山、娄东、紫阳书院四年；兼治汉、宋之学的姚鼐也曾主讲梅花、紫阳、敬敷、钟山书院共40年。其中汉学家创办的书院中最著名的是阮元创办的诂经精舍和学海堂。

诂经精舍在浙江杭州西湖孤山上，于清嘉庆五年（1800年）所建，这个名称就是创办者学术宗旨的极大体现，即"精舍者，汉学生徒所居之名；诂经者，不忘旧业，且勖新知也"。由阮元、王昶、孙星衍、陈寿祺等主讲，传习、研究经史、辞赋以及天文、地理、算法、兵刑等学问，并组织学生校刊《十三经注疏》等，在汉学研究上取得了杰出的成绩。道光元年（1820年），阮元又于广州城北粤秀山下创学海堂，专以古经考试学生，并重视汉学研究，搜辑清代经师注疏，刊《学海堂经解》180种，1400卷。自嘉庆以来，诂经精舍、学海堂逐渐成为国内汉学研究的重要学术基地，既培养了大量汉学研究的人才，同时还有大量汉学学术研究成果涌现出来。

宋以后，中国学术史上先后涌现出理学思潮、心学思潮、实学思潮、汉学思潮，这些思潮均和书院有着难以割舍的内在关系。各种思潮、各派学术大师无不以书院为基地从事学术研究，使书院成为各种学术思潮、学术派别的大本营，从而推动着中国古代文化不断向前迈进。

第二节 书院文化透视

制度规范化的私学

书院制度是儒家文化的重要组成部分，同时也是中国古代教育制度最具特色的方面，尤其是古代私学制度发展的结果。

儒家文化形成了自己独特的"政教合一"的传统，但是，这个"教"并非宗教，而是指教育。这种政治与教育的结合，不但使学校的教育目的、教学内容直接服务于现实政治，而且把各级学校也纳入国家政治组织之中，这就产生了延续数千年之久的官学教育系统。但在官学系统之外，还有一套私人讲学的系统。虽然私学系统亦保持着与现实政治的联系，但主持私学的儒家学者不直接受控于国家政府，能够具有相对独立性，并在学术传播、教学方法等方面形成自己的风格特色。

中国古代这种独立于官学系统之外的私人讲学，对古代的学术思想和文化教育的发展是十分有利的。书院的出现，正是这种私人讲学传统的承接。古代学者即对书院的私学性质作了论述，据《文献通考·学校考》载：

> 盖州县之学，有司奉诏旨所建也，故或作或否，不免具文。乡党之学，贤士大夫留意斯文所建也，故前规后随，皆务兴起，后来所至，书院尤多。

"州县之学"即指地方官学，"乡党之学"即指私办书院，它们之间的显著区别是：地方官学的兴办取决于朝廷诏旨的行政命令，书院兴建则取决于士大夫们重视学术、文教的个人意志。与此相关，官学和书院还有以下一系列区别：官学的掌教、师资是朝廷任命的正式官员，书院的山长、教师是由地方有才学者担任，往往为地方人士、书院创办者聘请；官学中的学生必须通过正式的考试、选拔，并受到官府各种命令、公文的约束，书院的学生往往是择师而从；官学中的教材、教学内容都是由官方统一颁定的，书院的教材、教学内容虽然在一定程度上也受官学的影响，但一般情况下还是主要取决于主持书院的山长。

书院自形成之时起，就一直受到官方控制、利用、改造，因而存在一个官学化问题。书院的一些特点因此而逐渐丧失，有的甚至直接被改造为官学。但从整个教育体系而言，书院仍属"贤士大夫留意斯文"的"乡党之学"。从这个角度而言，书院是传统私学的继续，是继先秦私学、两汉精舍之后的又一种私学组织。

东坡书院载酒亭

但是，书院又不仅仅是传统私学的继续，它在新的历史条件下又形成了许多新的特点。它有包括讲堂、斋舍等在内的专门教育设施，增加了藏书、刻书的特殊功能，设置了负责教学、行政管理的专门职务、职事，安排了授课读书的课程，制订了作为学习、生活准则的学规，书院这些特点是先秦私学、汉代精舍所不具备的。因此，书院是古代私学教育发展到高级阶段的必然结果，是趋向于制度化、正规化的私学。

古代书院在教学方法、组织管理等方面的特点，与它的办学性质有着千丝万缕的内部关联。书院是私学，因而继承了古代私人讲学的优良传统，使自由讲学、学术研究、学派争鸣、注重自学、问难论辩等私学教育传统得以发扬光大。而另一方面，书院又是一种高级形态的私学，具有组织化、制度化、多功能等特点，在传统私学的基础上有了更大程度的发展。

书院文化与中华文明

古代书院渗透着中国传统优秀文化，体现着儒家文化崇教育、重学术的人文精神，它在历史上就是古代中国的一种独特文化教育机构，集古代优良教育传统于一身，是一笔相当难得的文化遗产，值得我们现代文化教育继承。在中华民族伟大复兴的今天，我们对这一点要尤其重视。

书院对中华文明史的发展有着重要的促进作用。

1. 书院促进了中国学术思想史的发展

具体表现为：一是宋、元、明、清时，学术思潮的演变是与书院的发展息息相关的，没有书院的发展，无论是宋代理学的大盛还是明代心学与清代汉学的大盛，都是不可思议的。二是在上述朝代中有不少重要的学术思想流派，如宋代的程朱学派、湖湘学派、金华学派、象山学派，明代的甘泉学派、阳明学派、东林学派，清代的乾嘉学派等，都是以书院为主要基地而形成或发展起来的。

2. 书院对中国文学史的发展有着十分重要的促进作用

宋、元、明、清时，除了有不少著名思想家与学者曾在书院充任主持人或从事讲学活动以外，还有一些著名文学家活跃于书院的讲坛。书院是他们的文学思想得以传播的重要途径之一。例如，清代号称桐城派"三祖"之一的姚鼐，在书院讲学长达数十年，其弟子方东树、姚椿、姚莹、梅曾亮，再传弟子吕璜、方宗诚等，也曾在书院讲学。桐城派之所以能够成为清代一个最大的文学流派，完全可以说，姚鼐等人在书院所从事的讲学活动是一个重要的因素。

3. 书院促进了中国图书事业史的发展

这也包括两个方面：

一方面，历代著名书院一般都有藏书，这就使一大批典籍通过书院得以妥善的保存，同时，在这个过程中也逐渐形成了越来越严密的图书收藏与维护等方面的制度，从而丰富了我国的图书管理经验。

另一方面，宋代以后，书院还具有了刻书的功能，而书院刻书也为繁荣我国的图书事业做出了不可磨灭的伟大贡献。

4. 书院对促进中国教育的发展具有重要意义

宋、元、明、清时的著名书院，一般都是当时各地的教育中心，对推进所在地区文化教育事业的发展起过的作用是举足轻重的。与此同时，书院在其长期的发展过程中，在教学与组织管理等方面还积累了十分丰富的经验，并形成了不少与官学截然不同的特点，如把从事教学工作与进行学术研究结合起来，不同学派可以在同一书院中讲学，注重对学生自学能力的培养，师生感情甚笃以及管理人员较少等。凡此种种，不仅大大丰富了我国的教育思想，而且对当今的教育改革也有着深远影响。

另外，值得重视的是：一是书院在促进中国史学史的发展以及近代的社会演化等方面，也曾起过一定的作用。二是书院曾培育出大批著名的历史人物，他们在中国封建社会后期与近现代历史上分别在各个领域做出过杰出的贡献。这些都能体现出书院对促进中华文明史的发展所起的重大作用。三是中国的书院文化还曾传播到国外，对中外文化交流也具有一定的促进作用。

总之，书院与中华文明史的关系是十分密切的，在中华文明史上的历史地位是难以替代的。

第三节
书院楹联精华

楹联这种新型的文学形式和书院这一全新的士人文化教育组织，从时间上来讲，差不多是同步产生的。此所谓生逢其时，书院和楹联结合到一起，也就是很自然的事了。书院楹联的作者，或院中师生，或创建、重修书院的官绅，皆博学多文，其中大师、名家如朱熹、张栻、真德秀、王畿、邹元标、顾宪成、黄道周、阮元、曾国藩、左宗棠、彭玉麟、张之洞、谭嗣同、宋教仁等，代不乏人。

书院楹联的内容，主要涉及学术、教化、风俗等领域，意在张扬圣贤功德，启迪生徒，化育人生，培养学风士气，转移民情风俗，向社会宣传其办学宗旨，倡导其价值观念，并以其耳濡目染之功，而达潜移默化之效。若乎其渲染山川名胜，描绘自然风光，则浓笔淡墨总相宜，更使书院增光添彩，声名远扬。

因此，辑录书院楹联，无论从整理文献，研究学术，弘扬传统文化的角度出发，还是从发展文化旅游事业，促进经济繁荣的角度来讲，都是一件十分有益的事情。

汇芳书院楹联

宝案凝香，图书陈道法；
仙台丽景，晴雨验耕桑。

——清·乾隆皇帝弘历

海阳书院楹联

遵鹅湖鹿洞条规，先德行，次文章，俱是作人雅化；
萃滦水横山贤俊，朝讨论，夜服习，无非为国储材。

——清·莫绍慎

统绪继横渠，雅化渐于山海；
导源承泗水，英才擢自门墙。

——清·吴士鸿

漳南书院楹联

聊存孔绪励习行，脱去乡愿禅宗训诂帖括之套；
恭体天心学经济，斡旋人才政事道统气数之机。

——清·颜　元

崇实书院楹联

学以明人伦也，若为功名富贵而来，发足便已错了；
道在求放心耳，徒工语言文字之末，到头成个什么。

——清·徐润第

长白书院楹联

盛世本同文，合左云右玉封疆，息马投戈，沙漠寝成邹鲁俗；
将军不好武，萃黑水白山俊彦，敦诗说理，边关长此诵弦声。

——清·薛时雨

震川书院楹联

儒术岂虚谈，水利书成，功在三江宜血食；
经师偏晚达，专家论定，狂如七子也心降。

——清·林则徐

钟山书院楹联

旧迹重新，产生几辈英才，来从劫后；
古人长往，犹有六朝山色，青到窗前。

——清·严　贯

最难我辈少年时，莫放余闲，好料量秋冬干戈，春夏瀹乐；
此是古人读书处，且寻芳躅，须记取司马论史，公羊传经。

——清·严　贯

盛世作人，伊多士升堂入室；
芸窗修己，此数间敬业乐群。

——清·查弼纳

东坡书院楹联

玉女铜宜，溪山无恙，七百年毓秀钟灵，尽是东坡桃李；
鹅湖鹿洞，文字有缘，六千里寻幽选胜，依然西蜀峨眉。

——清·任道镕

登州去后，萧瑟蓬莱，念先生五日匆匆，祠宇曾留瀛海上；
临汝归来，徘徊阳羡，叹居士一心恋恋，神魂永托蜀山间。

——清·鞠　屿

气节如山，千秋仰止宫墙近；
文章似海，百代渊源俎豆馨。
————清·班　联

何必木奴千头，但楚颂亭成，
香满洞庭皆逸兴；
本无郭田二顷，况荆溪船入，
山怀西蜀即前缘。
————清·唐仲冕

东坡书院讲堂

名山合关名山，想当年茶灶诗龛留佛榻；
胜友斯成胜会，欣此日花香鸟语读书声。
————清·张绶组

胜地此登临，环来西蜀名山，经数百年毓秀钟灵枞厚，蔚荆溪人物；
闻风并兴起，缅想东坡遗绎，愿二三子和声鸣盛壮观，宗苏海文章。
————清·高长绅

东林书院楹联

此日今还再；
当年道果南。
————明·佚　名

道启东南，一代师儒光俎豆；
学宗洛闽，四方贤哲共烝尝。
————清·刁承祖

道衍二程无异学；
理宗一贯有真传。
————清·李　玫

持正论，辟新径，独尊道统，如日月之中天；
述粹言，续绝学，递启儒宗，若江河之行地。

——清·归　庄

风声雨声读书声，声声入耳；
家事国事天下事，事事关心。

——明·顾宪成

一堂聚四海名贤，气节文章俱自身心着力；
多士食百年旧德，读书尚友须从伦物立根。

——明·胡　慎

正谊书院楹联

隔院警晨钟，愿诸生日就月将，名下不虚华国运；
望衡瞻夏屋，幸五邑刑清政简，公余来听读书声。

——清·靳迪臣

五峰书院楹联

石室千余年，博厚高明悠久；
金华三大担，事功道德文章。

——清·王同曾

学术启良知，恍示鸢飞鱼跃；
讲堂开胜地，何殊鹿洞鹅湖。

——清·程尚斐

巢湖书院楹联

山脊以为堂，士品宜从高处立；

借湖光而作鉴，文风须向上流争。

——清·杨欲仁

南溪书院楹联

奕奕乎仁义之府，礼法之场，造诣从兹进步；
潺潺兮半亩之塘，有源之水，徘徊须此入门。

——明·纪廷誉

传注六经光往圣；
丰照千载惟先生。

——明·纪廷誉

白鹿洞书院楹联

日月两轮天地眼；
读书万卷圣贤心。

——宋·朱　熹

二李读书看白鹿，书中得几分，白鹿中得几分；
三贤讲道对青山，道外无一事，青山外无一事。

——明·周　相

古往今来，前圣后贤同脉络；
天高地下，四时百物共流行。

——明·胡　松

白鹿洞开，泉谷烟霞竞秀；
紫阳道在，圣贤师友同归。

——明·张　寰

名山大川，开万古文明之会；
斯文正印，起千年豪杰之思。

——明·朱 资

鹅湖书院楹联

自古乾坤为此理；
至今山水有余光。

——明·费 宏

江右乃人才渊薮；
鹅湖钟川岳英灵。

——清·白 潢

章岩月朗中天镜；
石并波分太极泉。

——清·康熙皇帝玄烨

象山书院楹联

地非二公故居，考记征闻，释奠必有合也；
祠近诸生讲舍，读书论世，尚友其在斯乎。

——清·张 謇

嵩阳书院楹联

近四旁，惟中央，统泰华衡恒，四塞关河拱神岳；
历九朝，为都会，包伊瀍洛涧，

象山书院

三台风雨作高山。

——清·乾隆皇帝弘历

紫阳书院楹联

作纲目，继春秋，涑水司马公赖笔削而史书不谬；
由问学，尽德性，庐山白鹿洞辨异同而圣道始明。

——清·汪　绎

阐六经奥旨，注千圣微言，昭昭然若日月当天，孔孟以来于斯再旦；
塞百氏旁流，汇诸儒正派，浩浩乎如江汉朝海，周程而后大矣蔑加。

——清·黄元治

广雅书院楹联

文如大历十才子；
园似将军第五桥。

——清·张之洞

居是邦，事其大夫之贤，过则相规，善行相劝；
当秀才，即以天下自任，处为名士，出为名臣。

——清·吴大澂

虽富贵不易其心，虽贫贱不移其行；
以通经学古为本，以救世行道为贤。

——清·张之洞

知识链接

古代书院"不差钱"

在清代，书院大多是官办的，因此能够获得政府的支持。

这一点在福建师大社会历史学院教授徐心希的《闽都书院》中得到证实。以鳌峰书院为例，雍正十一年（1733年），鳌峰书院被正式确立为省会书院，史料记载，当年皇帝拨给书院的帑金达"四千三百七十三两有奇"。在全国来说，如此大手笔的恩赐都是少之又少。

这种拨付一直持续到乾隆年间。乾隆三年（1738年），朝廷赐给鳌峰书院帑金有1000两。此后数年，陆续的几次拨付，数量都在1000两以上。此外，还有一部分经费来源于地方乡绅的捐款。

史料记载，书院不单有政府拨款，还有学田可以收租，所以以前的书院是不用发愁经费的。在史上，被誉为"江南第一清官"的张伯行就创造性地把洲田拨给了学院作为学田，这与如今的学校大不同。

图片授权

全景网

壹图网

中华图片库

林静文化摄影部

敬 启

本书图片的编选，参阅了一些网站和公共图库。由于联系上的困难，我们与部分入选图片的作者未能取得联系，谨致深深的歉意。敬请图片原作者见到本书后，及时与我们联系，以便我们按国家有关规定支付稿酬并赠送样书。

联系邮箱：932389463@qq.com

参考书目

1. 邓洪波．中国书院史．武汉：武汉大学出版社，2012．
2. 白新良．明清史学术文库：明清书院研究．北京：故宫出版社，2012．
3. 樊克政．中国史话：书院史话．北京：社会科学文献出版社，2012．
4. 曹华清，别必高．中国书院的故事．济南：山东画报出版社，2011．
5. 朱汉民．中国书院文化简史——文化简史——文史中国．北京：中华书局，2010．
6. 王炳照．中国读本——中国古代书院．北京：中国国际广播出版社，2009．
7. 赵连稳，朱耀廷．中国古代的学校书院及其刻书研究．北京：光明日报出版社，2007．
8. 金敏，周祖文．儒家大学堂长江流域的古代书院——长江文明丛书．杭州：浙江大学出版社，2005．
9. 邓洪波．中国书院楹联——中国书院文化丛书．长沙：湖南大学出版社，2004．
10. 何兆兴．老书院——古风：中国古代建筑艺术．北京：人民美术出版社，2003．
11. 陈笃彬，苏黎．泉州古代书院．济南：齐鲁书社，2003．
12. 邓洪波，彭爱学．中国书院揽胜——中国书院文化丛书．长沙：湖南大学出版社，2000．
13. 王炳照．中国古代书院．北京：商务印书馆，1998．

中国传统民俗文化丛书

一、古代人物系列（9本）
1. 中国古代乞丐
2. 中国古代道士
3. 中国古代名帝
4. 中国古代名将
5. 中国古代名相
6. 中国古代文人
7. 中国古代高僧
8. 中国古代太监
9. 中国古代侠士

二、古代民俗系列（8本）
1. 中国古代民俗
2. 中国古代玩具
3. 中国古代服饰
4. 中国古代丧葬
5. 中国古代节日
6. 中国古代面具
7. 中国古代祭祀
8. 中国古代剪纸

三、古代收藏系列（16本）
1. 中国古代金银器
2. 中国古代漆器
3. 中国古代藏书
4. 中国古代石雕
5. 中国古代雕刻
6. 中国古代书法
7. 中国古代木雕
8. 中国古代玉器
9. 中国古代青铜器
10. 中国古代瓷器
11. 中国古代钱币
12. 中国古代酒具
13. 中国古代家具
14. 中国古代陶器
15. 中国古代年画
16. 中国古代砖雕

四、古代建筑系列（12本）
1. 中国古代建筑
2. 中国古代城墙
3. 中国古代陵墓
4. 中国古代砖瓦
5. 中国古代桥梁
6. 中国古塔
7. 中国古镇
8. 中国古代楼阁
9. 中国古都
10. 中国古代长城
11. 中国古代宫殿
12. 中国古代寺庙

五、古代科学技术系列（14 本）
1. 中国古代科技
2. 中国古代农业
3. 中国古代水利
4. 中国古代医学
5. 中国古代版画
6. 中国古代养殖
7. 中国古代船舶
8. 中国古代兵器
9. 中国古代纺织与印染
10. 中国古代农具
11. 中国古代园艺
12. 中国古代天文历法
13. 中国古代印刷
14. 中国古代地理

六、古代政治经济制度系列（13 本）
1. 中国古代经济
2. 中国古代科举
3. 中国古代邮驿
4. 中国古代赋税
5. 中国古代关隘
6. 中国古代交通
7. 中国古代商号
8. 中国古代官制
9. 中国古代航海
10. 中国古代贸易
11. 中国古代军队
12. 中国古代法律
13. 中国古代战争

七、古代文化系列（17 本）
1. 中国古代婚姻
2. 中国古代武术
3. 中国古代城市
4. 中国古代教育
5. 中国古代家训
6. 中国古代书院
7. 中国古代典籍
8. 中国古代石窟
9. 中国古代战场
10. 中国古代礼仪
11. 中国古村落
12. 中国古代休育
13. 中国古代姓氏
14. 中国古代文房四宝
15. 中国古代饮食
16. 中国古代娱乐
17. 中国古代兵书

八、古代艺术系列（11 本）
1. 中国古代艺术
2. 中国古代戏曲
3. 中国古代绘画
4. 中国古代音乐
5. 中国古代文学
6. 中国古代乐器
7. 中国古代刺绣
8. 中国古代碑刻
9. 中国古代舞蹈
10. 中国古代篆刻
11. 中国古代杂技